# 中国VS台湾

# 謀略の100年史

## なぜ中国共産党は台湾を支配したがるのか？

近藤大介
Daisuke Kondo

ビジネス社

# はじめに

孫文、蔣介石、毛沢東、鄧小平、蔣経国、李登輝、江沢民、陳水扁、胡錦濤、馬英九、習近平、蔡英文。

この12人は、いずれも過去100年余りの中国もしくは台湾で、最高指導者として君臨した（している）政治家です。彼らの名前を見て、どんなイメージを抱くでしょうか。英明な先駆者？　稀代の独裁者？　もしくは凡庸《ぼんよう》な日和見《ひよりみ》主義者？

12人に共通しているのは、「カオスの底なし沼」のような中華圏の近現代史の中で、権謀術数《けんぼうじゅっすう》を駆使して、自らの大道を切り拓《ひら》いてきた点です。彼らは「謀略《ぼうりゃく》の中国・台湾近現代史」の「主役たち」です。表に微笑みあれば裏に謀《はかりごと》ありで、「勝てば官軍、負ければ匪賊《ひぞく》」という非情な中華圏の掟《おきて》を生き抜いてきたのです。

本書は、そのような12人の波乱万丈《はらんばんじょう》の物語です。それぞれトップとして何を志《こころざ》し、何を企《たくら》み、何を成し遂げ、何に涙《なみだ》していったのか。普段から私が考え、感じていることを前面に曝《さら》け出し、一刀両断にしました。おこがましく言えば「近藤史観」による「台湾vs中国　謀略の100年史」です。

本書の執筆はもともと、私が最近、周囲の知人から、次のような質問を受けたことがきっかけになりました。

「中国はなぜ台湾をいじめるの？」

「『一つの中国』ってどういう意味？」

「そもそも台湾は国家なの？」

こうしたことをきちんと理解するには、19世紀末から現在までの１００年余りの間にこの地域で何が起こったのかを押さえておく必要があります。そこでは、いつの場面でも日本が、直接もしくは間接に関わっています。

それにもかかわらず、肩が凝《こ》らずに読める日本語で書かれた通史は、ほとんど見当たりません。そこで、私自身が書いてみることにしたのです。

私の本業は、中国を中心とした東アジアをカバーするジャーナリストですが、週に一度、約３００人の学生を相手に、明治大学で東アジア国際関係論の「白熱授業」を行っています。その熱気も、読者に紙面で伝えたいと思いました。

２０２０年以来、周知のように新型コロナウイルスが、日本でも猛威を振るっています。しかし、やがて訪れるポスト・コロナの時代は、中国の存在感が、一層大きく日本にのしかかってきます。中国は尖閣諸島を、「台湾の一部だから自国の不可分の領土」と公言しています。つまり現在においても、両岸（中国大陸と台湾）の問題は、日本の問題でもあるのです。

また、「米中新冷戦」と言われる昨今、中国は台湾への圧力を強めており、「台湾とどう付き合うか」が、日本にとって重要になっています。そんな中、中台関係史を理解しておくことは、大変有用です。

執筆に際しては、矛盾した二つのことを心掛けました。一つは「平易に」ということで、常に自分の年老いた母親が理解できるかを念頭に置いて書きました。もう一つは、ある程度知識がある人でも十分堪能《たんのう》できるように、できるだけ深い内容を盛り込んだことです。

中華ワールドの近現代史は、熱く、興味が尽きません。そして結局、歴史というのは、いま生きている私たちがどう考え、どう判断するかにかかっています。本書が、複雑化していく近未来の東アジアを日本が遊泳していく「羅針盤」の一助となれば幸いです。

最後に、本書の企画者・編集者であり、かつて日本でベストセラーになった『台湾の主張』（李登輝著）の編集者でもある中澤直樹部長に感謝申し上げます。

近藤大介

台湾vs中国　謀略の100年史　もくじ



# I

# 国民党vs共産党
# ——創建世代の栄枯盛衰

## 第1章　中国国民党の誕生　1894年～1926年



## 第2章　中国共産党の誕生　1921年～1935年

## 第3章　蔣介石vs毛沢東Ⅰ　1936年〜1949年



## 第4章　蔣介石vs毛沢東Ⅱ　1949年〜1975年

# Ⅱ 台湾VS中国——三党の権謀術数

## 第5章 蔣経国VS鄧小平

1975年〜1988年

## 第6章 李登輝 vs 鄧小平、江沢民 1988年～2000年



## 第7章 陳水扁 vs 江沢民、胡錦濤 2000年～2008年

# 第8章　馬英九VS胡錦濤、習近平
## 2008年〜2016年

## 第9章　蔡英文vs習近平
### 2016年〜2021年

# I

# 国民党vs共産党
## ――創建世代の栄枯盛衰

孫文

蔣介石

毛沢東

# 第1章 中国国民党の誕生

## 1894年〜1926年

### 始まりとしての日清戦争

現在、激しさを増している中国大陸と台湾の「対立」——そもそもの始まりは、日本と関係していました。

1868年の明治維新によって、近代国家に生まれ変わった日本は、富国強兵・殖産興《しょくさんこう》業《ぎょう》のスローガンのもと、まるで少年がたくましい大人へと成長していくように、発展を遂げていきました。一方の中国（清国）は、旧態依然とした皇帝政治から脱しきれず、1840

年に起こった「アヘン戦争」（中英戦争）をきっかけに転落の道を歩みます。習近平主席が説く「屈辱の１００年」の始まりで、「斜陽の老大国」という言葉がピッタリでした。

そんな「朝日の日本」と「夕陽の中国」が、１８９４年7月23日に朝鮮半島海域で衝突したのが、日清戦争の始まりです。日清戦争には陸戦と海戦とがあり、いずれも日本側の連戦連勝。日本軍は破竹の勢いで、朝鮮半島から中国大陸へと兵を進めていったのです。

日清戦争は翌１８９５年４月17日に、下関条約を結んで終結しますが、当時の陸奥宗光《むつむねみつ》外相が遺《のこ》した手記『蹇蹇録《けんけんろく》』を読むと、当時の日中の国力の差が歴然としています。そもそも伊藤博文首相が、自分が馴染みにしている故郷のフグ料理屋「春帆楼《しゅんぱんろう》」に、清国の李《り》鴻章《こうしょう》北洋大臣一行を呼びつけて結んだのが、下関条約でした。

下関条約は、全11条からなりますが、第2条にはこう記されています。

〈清国は左記の土地の主権ならびに該地方にある城塞兵器製造所及び官有物を永遠日本に割譲す。一．奉天省南部の地　二．台湾全島及びその付属諸島嶼　三．澎湖《ほうこ》列島〉

一の「奉天省南部の地」とは、主に青島《チンタオ》などがある遼東半島のことですが、こちらは4月23日に、フランス、ドイツ、ロシアの三国干渉に遭《あ》って返還を余儀なくされます。しかし、台湾全島と澎湖列島（台湾島の南西に付属する島嶼）は、１９４５年に日本が敗戦するまで、半世紀にわたって植民地支配しました。

第4条には「清国は軍費賠償金として庫平銀《こうへいぎん》（標準銀）二億両を日本国に支払うべきこと」と定めてあります。この借金苦に喘《あえ》いだ末、清国は1912年に滅亡したのです。

こうした経緯があるため、現在の習近平政権は、「日清戦争の恨み忘れまじ」と、日本へのライバル心を、めらめらとたぎらせています。日清戦争の最後の激戦地となったのが、清国海軍の本部が置かれていた山東省威海《いかい》の外島・劉公島《りゅうこうとう》ですが、外周約15kmのこの島に大規模な「中国甲午《こうご》（日清）戦争博物館」を建て、戒《いまし》めているほどです。

私は2016年夏に、一日かけてこの博物館を見学しました。「中国人民はいままさに、中華民族の偉大なる復興という中国の夢を実現すべく奮闘中であり、歴史から知恵を汲み取れ！」と書かれた習主席の檄文《げきぶん》が、出口のところに大きく掲げられていました。

習近平政権のスローガンは、「中華民族の偉大なる復興という中国の夢の実現」（略して「中国の夢」）ですが、その中の「中華民族の偉大なる復興」というのは、「アヘン戦争と日清戦争前の状態に戻す」という意味です。

だからこそ、アヘン戦争で割譲された香港島の「中国化」にこだわり、かつ日清戦争で日本に割譲された台湾を、何としても統一しようとしているのです。加えて、「台湾の一部である尖閣諸島も取り返す」と主張し、日本が実効支配している尖閣諸島の近海に、日々圧力をかけてくるわけです。

## 1912年、中華民国建国

日清戦争の敗北を受けて、中国の知識人たちは「反日」になるどころか、逆に「日本に学べ」と、訪日ラッシュが始まりました。中国からの留学生は急増し、10年経った日露戦争後には約2万人に膨れ上がります。当時の留学生が書いた『留東外史』という中国語の名著がありますが、そこには「東京の中国人」たちの様子が活写されています。

そんな中、二人の注目すべき中国人が日本にやって来ます。一人は、後に「中国革命の父」と仰がれる孫文《そんぶん》（孫中山　1866年〜1925年）。孫文は広東省の農家の息子ですが、12歳の時に兄が住んでいた米ハワイに移住。青年期から革命運動に目覚めていきます。

孫文は日清戦争の直後から何度も来日（亡命）して、1905年8月20日に東京で中国同盟会を結成。清朝を倒す「革命資金」を日本の有力者たちに無心します。

「中国でも明治維新を起こす」というのが孫文の口癖で、犬養毅《いぬかいつよし》首相にもそう述べています。「革命が成功したら中国東北部を日本に割譲する」とも約束しています。自分の革命の目的は「滅満興漢《めつまんこうかん》」（満州族の国＝清を滅ぼして漢民族の国を興《おこ》すこと）だから、元々の満州族の地は不要だというのです。しかし中国国内で秘密結社グループを集め、10回も蜂起を起こしては失敗し、日本などに逃げ戻る日々でした。しかも当人は口を出すだけで、たった一度しか戦闘に参加していません。

孫文は女性遍歴《へんれき》も華やかで、故郷の妻・盧慕貞《ろぼてい》と離婚しないまま、「革命の同志」陳粋芬《ちんすいふん》を20年以上、事実上の妻としていました。その間、日本では大月薫《おおつきかおる》を愛人にして、娘（宮川冨美子）をもうけています。１９１５年、26歳年下の英文秘書だった「宋家三姉妹」の次女・宋慶齢《そうけいれい》（１８９３年〜１９８１年）と再婚したのも東京でした。仲人は実業家の梅屋庄吉で、私は梅屋の曾孫から結婚式の写真を見せてもらったことがあります。

宋慶齢は後に、共産党政権の側に寝返り、中華人民共和国副主席になります。一方、三女の宋美齢《そうびれい》（１８９８年〜２００３年）は蔣介石《しょうかいせき》の4番目の妻に収まりました。ちなみに長女・靄齢《あいれい》は山西省の富豪・孔祥熙《こうしょうき》に嫁ぎ、それぞれ「金・国・力を愛した」と言われました。

１９１１年10月10日、いまの湖北省武漢で武昌《ぶしょう》蜂起が起こり、１万５０００人の政府軍が四散します。これに勢いを得た革命グループは、中国南部の各地で蜂起を伝播《でんぱ》させていき、「辛亥《しんがい》革命」と呼ばれました。

この頃、革命資金集めのためアメリカにいた孫文は、ロンドンを経由して年末に上海に戻ります。資金はさっぱり集まらず、求心力は落ちましたが、１９１２年の元日に、自らが臨時大総統となって、南京で中華民国の建国を宣言しました。「三民主義」（民族の独立・民権の確立・民生の安定）を掲げ、「五権憲法」（立法・司法・行政・考試・監察）を制定して共和制国家を樹立するとしたのです。具体的には、軍政期3年、訓政（党政）期3年、憲政（憲法制定）期3年。つまり、当面は自分が独裁体制を敷こうとしたのです。

この中華民国が、現在の台湾です。現在でも「民国暦《れき》」を使用していて、２０２１年は「民国１１０年」。民国暦は日本が「令和３年」と言うのと同じような「台湾の暦《こよみ》」です。

中華民国を建国した後も、孫文の晩年は、それまでの半生と同様、波乱万丈でした。まず、南京で中華民国の建国を宣言したものの、北方の北京には清朝の宣統帝《せんとう》（ラストエンペラー溥儀《ふぎ》）がいます。家臣団のキーパーソンは内閣総理大臣の袁世凱《えんせいがい》で、朝廷は袁世凱に、孫文一派の掃討を命じます。この時、孫文は袁世凱と裏交渉を行い、宣統帝を退位させて清朝を滅亡させる代わりに、袁に臨時大総統の地位を譲《ゆず》る密約を交わします。この密約は果たされ、１９１２年2月に清朝滅亡、3月に袁世凱が北京で即位します。8月に孫文は、中国同盟会などを糾合して、中国国民党を創建しましたが、党内で孤立していきます。

党内の実権は法政大学出身の宋教仁《そうきょうじん》が握りましたが、宋は翌年3月20日、袁世凱が放った刺客に、上海駅で暗殺されます。この事件がなければ孫文復活が厳しかったでしょう。

袁世凱は独裁色を強めていき、国民党潰しに走ったため、孫文は１９１３年2月、再び日本へ行きました。二年半に及ぶ臥薪嘗胆《がしんしょうたん》の日々です。その間、１９１４年7月8日に、いわば「孫文党」とも言うべき中華革命党を東京で旗上げしています。

その後、袁世凱は１９１５年12月に中華帝国大皇帝に即位しますが、翌年6月に尿毒症が悪化し、56歳で急死します。袁世凱は、いまでは中国と台湾の双方で「悪者扱い」ですが、中国の王朝の黎明《れいめい》期の皇帝というのは、袁世凱と大同小異です。「勝てば官軍、負ければ匪賊《ひぞく》」で、もし皇帝として長寿を全《まっと》うしていれば、20世紀中国の国民党政権も共産党政権もなかったでしょう。また、袁世凱と孫文は、実は非常によく似た性格であることも付記しておきます。日本は、1915年1月に、袁世凱政権を承認する見返りとして、山東省や南満州、東部内蒙古など日本の中国国内での幅広い権益を保証させる「対華21ヵ条要求」を呑ませています。孫文は「日本は泥棒だ」と非難し、心が日本から離れていきます。

## 未熟なリーダー・孫文

袁世凱亡き後の中国は、群雄割拠《ぐんゆうかっきょ》の時代に入ります。孫文は1920年12月に広州（広東）に入って広東政府を指揮し、翌年4月には中華民国非常大総統に就きました。そして「北伐《ほくばつ》」（北洋政府征伐）により中国統一を図ろうとしますが、北伐の責任者である陳炯明《ちんけいめい》陸軍部長にクーデターを起こされ、自分の首に多額の懸賞金を懸けられてしまいます。

それでも、1924年9月に「北伐宣言」を発令します。この時、最後に頼ったのも日本でした。11月に上海から神戸に入りますが、当時の加藤高明内閣は、孫文を助けるどころか、神戸からの禁足令を出します。そんな失意の中、11月28日に神戸高等女学校で行った日本最後の講演で、孫文は有名な言葉を遺します。「日本が西欧覇道の犬となるか、あるいは東洋王道の干城《かんじょう》となるか、それは日本国民の慎重に考慮すべきことであります……」

孫文は神戸港から天津港に向かい、天津で東北軍閥を率いる張作霖《ちょうさくりん》と面会した後、北京に入ります。その時、腹痛を覚え、日本人医師を呼ぶと、「末期の肝臓がん」と告げられます。こうして1925年3月12日に、58歳で北京にて客死しました。「革命いまなお成功せず、同志が引き続き努力すべし」（革命尚未成功、同志仍須努力）という辞世の言葉を、側近の汪兆銘《おうちょうめい》に書き取らせて息を引き取ったとされています。

ちなみに「孫文の遺書」は、他に2通あります。1通は家族に宛《あ》てたものですが、もう1通は何と、創建して間もないソ連共産党に宛てたものです。「親愛なるソビエト革命同志よ……」という書き出しで、ソ連共産党にラブコールを送っているのです。1917年のロシア革命によって誕生したソビエト社会主義共和国連邦（ソ連）が、その後の中国に多大な影響力を与えていくことを示唆《しさ》しているようです。

現在、激しく角突き合わせている中国と台湾は、いずれも孫文を「革命の父」と仰いでいます。中国側は、封建的な清帝国を滅亡させ、共産党に理解があった指導者として祀《まつ》っています。一方の台湾側は、中華民国を建国した功労者というわけです。中国はいまでも、新しい駐日大使が東京に就任すると、かつて孫文のパトロンだった梅屋庄吉の子孫のところに挨拶に行く習慣があるほどです。私は個人的に、政治家としても人間としても、どうにも孫文のことが尊敬できません。こういう上司の下に仕えたら大変だろうと思います。日本で最大の支援者の一人だった宮崎滔天《とうてん》は、「残念なのは彼に一つの病《やまい》があって、それは命令病だ、専制病だ」（『出鱈目日記《でたらめにっき》』）と記しています。孫文直筆の揮毫《きごう》も、所有者から見せてもらったことがありますが、稚拙《ちせつ》な字で驚いた覚えがあります。

横浜育ちのノンフィクション作家・譚璐美《たんろみ》氏は、著書『帝都東京を中国革命で歩く』で、高校生の時に広東大学で孫文の講演会の記録係を務めた父親のエピソードを記しています。聴衆が減っていくのに立腹した孫文は、ピストルをテーブルに叩きつけ、「お前らに三民主義がわかるか！」と叫んで出て行ってしまったというのです。

「革命家失敗すればテロリスト」という言葉がありますが、超ハイリスク&ハイリターン人生だったことは間違いありません。これ以上の論評は省きますが、『素顔の孫文――国父になった大ぼら吹き』（横山宏章著）という名著が出ていることを付記しておきます。

## 若き蔣介石は日本で何をしていたか

さて、日清戦争後に来日したもう一人の注目すべき中国人が、蔣介石《しょうかいせき》（1887年～1975年）です。蔣介石は、本書の「主役」の一人ですので、以下詳述します。

蔣介石は、1887年10月31日（旧暦9月15日）、浙江省奉化県渓口鎮《せっこうしょうほうかけんけいこうちん》に生まれました。上海の南郊都市・寧波《ねいは》のさらに南西郊外にある村です。父・蔣粛菴《しょうしゅくあん》は、塩と茶の豪商でしたが、蔣介石が9歳の時に死去。「科挙《かきょ》」（国家公務員試験に相当）を目指して漢籍の勉強に励んでいましたが、清朝末期の混乱により、科挙は1905年に廃止されました。

15歳の時に、漢籍を習っていた塾長の娘・毛福梅《もうふくばい》（当時19歳）と結婚します。親同士の取り決めによるもので、1910年3月に一人息子が誕生。後の中華民国第2代総統の蔣《しょう》経国《けいこく》（1910年～1988年）です。しかし蔣介石は、この妻を故郷に置き去りにしたまま、生涯に4度も結婚します。

世は清末の混乱期にあったため、蔣介石は中国革命を起こす軍人に憧《あこが》れました。1906年4月、18歳の時に大志を抱き、中国革命の拠点になっていた東京にやって来ました。目的は、日本陸軍が中国人留学生向けに開校していた「東京振武《しんぶ》学校」（牛込区河田町）への入学です。その前年に、日本が大国ロシアを日露戦争で打ち破ったことで、日本はますます、血気盛んな中国青年たちの憧れの国になっていたのです。

しかし東京振武学校に入学するには、北京郊外に清国政府が創設した保定《ほてい》軍官学校の推薦状が必要でした。そこで蔣介石は一時帰国し、保定軍官学校に入学。そこに一年間在籍した後、1907年末に再来日し、東京振武学校に入学しました。私は1936年に蔣に面会した元日本陸軍軍人に話を聞いたことがありますが、流暢な日本語を話したそうです。

蔣介石は東京で、同じ浙江省出身で孫文の側近だった陳其美《ちんきび》（1878年〜1916年）と出会い意気投合、兄弟の契りを交わします。そして、9歳年上の兄貴分の陳を通して、密かに中国同盟会に加入します。ただこの頃、孫文は清国の要請により日本政府から追放処分を受けていて、孫文との接点はありませんでした。そもそも清国政府から軍人養成のために派遣されていた蔣介石と、その清国を打倒しようとしている孫文とは敵同士です。

蔣介石は1910年、優秀な成績で東京振武学校の軍事課程を修了すると、陸軍第13師団第19連隊（新潟県高田の野戦砲兵隊）の将校になります。ここで改めて、「大日本帝国陸軍式教育」を受けました。「大砲の習熟には熱心だったが、トイレ掃除は嫌がった」と、ある日本人同僚は証言しています。ともあれ、軍規から兵砲の動かし方まで、蔣介石が指揮する後の国民党軍の原点は、日本軍にあったのです。その両軍が1937年から、中国大陸で8年にもわたる全面戦争になるのですから、歴史とは皮肉なものです。

1910年6月、一時的な入国許可を得た孫文が、ハワイから横浜港に降り立ちました。この時、陳其美の部下として、蔣介石は21歳年上の孫文に、初めて面会を果たします。「来たる中国革命の折には、あなたの忠実な軍人として役に立ちたく存じます……」。蔣介石が孫文に向かって平身低頭した姿が想像できます。孫文からしてみれば、きつい浙江訛りを話す22歳の痩身の青年は、当時の東京によくいた「血気盛んな中国の若者」の一人です。それでも孫文は、中国で秘密結社しか味方にできなかったため、「将校」は貴重でした。

## 兄貴分・陳其美の暗殺がもたらしたもの

翌1911年10月、前述の辛亥革命が起こった時、孫文はアメリカのデンバーに、陳其美は東京に、そして蔣介石は新潟にいました。新聞やラジオが、中国各所で起こっていく蜂起を連日伝えたため、三者とも帰国を急ぎます。

蔣介石が長崎からの船で上海に着いたのは、10月30日でした。すぐに陳其美の自宅を訪れ、浙江省の省都・杭州《こうしゅう》を制圧するための第五団長に任命されます。蔣介石は実家の母と妻に宛てて遺書を書くと、決死の覚悟で杭州に向かいました。そして24歳の「青年将校」は、初戦で見事な「戦果」を挙げたのです。

陳其美も上海都督《ととく》に就任し、革命軍を率いて南京に出征しました。そして南京を「解放」し、指導者の孫文を迎え入れたわけです。

ここからは、孫文が立ち上げた中国国民党を、蔣介石が引き継いでいく過程です。

前述のように辛亥革命は袁世凱独裁の時代に変転し、1913年9月に蔣介石は再度、日本に逃亡します。同じく日本に亡命していた孫文から密命を授かったのは、翌1914

年夏のことでした。それは、北満（黒竜江省）に潜入し、南方と北方から袁世凱軍を挟み撃ちにするため調査です。蔣介石はハルビンやチチハルを巡りますが、北満は袁世凱軍よりも日本の関東軍の天下でした。

そんな中、第一次世界大戦がヨーロッパで勃発します。蔣介石は、時々刻々と変化していく中国国内の「空気」を敏感に感じ取りながら、日本に戻りました。そして孫文に、「中国におけるヨーロッパ勢力が弱まる→その間隙《かんげき》を縫《ぬ》って日本軍の進出が増える→袁世凱軍と日本軍が衝突する→袁世凱軍が弱体化しチャンス到来」という見通しを報告しました。

実際、蔣の見通し通りに情勢は進んでいき、1915年1月、日本は袁世凱政権に、「対華21ヵ条要求」を突きつけます。10月に上海に戻った蔣介石は11月10日、上海の日本領事館で開かれた大正天皇即位祝賀会に参加していた袁世凱の側近、鄭汝成《ていじょせい》上海鎮守使《ちんしゅし》を暗殺しました。しかしその後、袁世凱政権の反撃に遭い、翌1916年5月には、上海フランス租界の保護者・山田純三郎宅で、5人の刺客によって兄貴分の陳其美が暗殺されます。

もしも陳其美が38歳で落命せず、その後も健在だったなら、孫文の死後、陳が国民党の後継者になり、蔣介石にはチャンスが巡ってこなかったことでしょう。私は陳其美の孫の陳沢禎《ちんたくてい》氏から20年近く薫陶《くんとう》を受けてきましたが、その正論を貫く正義感の強さは、祖父を髣髴《ほうふつ》させるものがあります。陳其美が普段から孫文に、「自分の身に何かあれば後を託すのは蒋介石」と進言していたことで、陳の死によって孫文と蒋介石の「距離」が縮まりました。折りしも陳が暗殺された同時期に、北京では袁世凱が病死します。

1917年10月にロシア革命が起こり、世界初の社会主義国、ソビエト社会主義共和国連邦が誕生。翌1918年11月に第一次世界大戦が終結。ベルサイユ条約締結の過程で、日本の「対華21ヵ条要求」の内容が明らかになったことで、中国国内では1919年5月4日から、全国的な抗日運動「五四運動」が吹き荒れました。またロシア革命と「五四運動」によって、中国にも社会主義国を建国しようとの気運が生まれ、1921年7月に中国共産党が誕生します。中国共産党については次章で述べます。

こうした混乱の時代にあって、蒋介石は一歩一歩、軍人としての実績を積み上げ、孫文の信頼を勝ち得ていきます。1922年6月に、孫文の側近だった陳烱明陸軍部長のクーデター「六・一六事件」が勃発した際には、蒋介石は48日間にわたって孫文を護衛しました。そしてこの事件を収拾したことで、広東政府の参謀長に抜擢されたのです。

## 「黄埔軍官学校」校長から軍を掌握

蒋介石は、毎日こまめに日記をつける真似目な職業軍人である一方、直情的で淡泊な性格でもありました。そのため、容易に周囲と軋轢《あつれき》を起こし、仕事を投げ出して故郷に戻るということを、辛亥革命から10年ほど繰り返します。参謀長に就いても、再び「帰郷病」が頭を擡《もた》げてきたため、孫文は蔣介石を、故郷から遠いソ連への極秘訪問団（1923年9月〜11月頃）に加えます。

蔣介石は、初めて見聞した「社会主義革命の首都」モスクワで、鮮烈な印象を受けました。すなわちソ連共産党政権は、ツアー（皇帝）時代の独裁政治が換骨奪胎《かんこつだったい》した独裁政権に過ぎないこと、かつソ連共産党政権が強大化したら、中国を侵食するようになると看破したのです。要は誕生して間もないソ連を見て、ゴリゴリの反共闘士になったわけで、後の中国共産党との闘争の原点は、この時のソ連視察にあったのです。

1924年1月20日、孫文が主催して、第1回中国国民党大会が広州で開かれました。これは蔣介石は孫文の推薦を受けて、最高委員会の5人の委員の一人に選出されました。これは24人の中央執行委員とは別に、孫文委員長を補佐する機関で、軍事部門の補佐役です。

この大会終了後、国民党軍官学校が、広州の東郊に位置する珠江の中州地帯、黄埔《こうほ》に設置され、5月に蔣介石が初代校長に就任しました。通称「黄埔軍官学校」です。全国から募集した有為な若者たちを半年間教育し、かつて蔣介石が日本で学んだような軍事の理論と実践を身につけさせるという即席の軍幹部養成学校でした。第1期生は499人でしたが、次第に入学者を増やし、第5期生以降は3000人規模に膨れ上がりました。

蔣介石は、初めてやる気の起こる役割を与えられたことで、水を得た魚のように働きました。入学式から4日間も連続して講話を行ったほどです。蔣校長が学生たちに強調したのは、「中国を真に独立国家たらしめる軍隊作り」でした。国民党主体の統一国家を作り、欧米列強、日本、そして新生ソビエトに対抗していこうとしたのです。

黄埔からは、後に蔣介石の手足となる国民党軍幹部たちが続々と巣立っていきました。しかし同時に、蔣介石の敵軍となる共産党軍幹部たちも養成しました。それは後述します。

1924年9月5日、孫文は満を持して「北伐」を宣言します。そして東北地方に大きな権益を持っていた日本の支援を得るべく、再度の訪日。その前に黄埔軍官学校を訪れ、蔣介石校長に留守中の「本拠地防衛」を託しました。しかし孫文は、前述のように日本で期待していた支援は得られず、失意のままに北京入りして、1925年3月12日に客死します。

「孫文後」を話し合う国民党の大本営政治会議が6月14日に開かれ、国名を「中華民国国民政府」としました。国民政府主席の座には、国民党左派の汪兆銘《おうちょうめい》（王精衛《おうせいえい》・1883年～1944年）が就き、5人の党中央常務委員と16人の中央委員を選びました。

蔣介石はというと、軍事委員会の9人のメンバーの一人に過ぎませんでした。国民党内は党人が軍人より上、左派が右派より上という意識で、右派の軍人である蔣介石は疎《うと》んじられたのです。党内での人望も乏《とぼ》しく、陳其美や孫文亡き後、後見人もいませんでした。

それでも早々に、チャンスが到来します。8月20日、国民党左派の重鎮で党常務委員の廖仲愷《りょうちゅうがい》（後の廖承志《りょうしょうし》中日友好協会会長の父）が暗殺されたのです。この事件の調査委員会メンバーとなった蔣介石は、嫌疑のかかった常務委員の胡漢民《こかんみん》外交部長の拘束と、暗殺を防げなかった常務委員の許崇智《きょそうち》軍事部長の解任を要求し、重鎮二人の追放に成功します。

こうして翌1926年の元日に開いた第2回中国国民党大会で、中央執行委員36人の一人に選ばれたのです。8万5000人の国民党軍を代表して軍事報告も行いました。

同年3月、蔣介石が権力奪取を決定的にした中山艦事件が起きます。これは発生から100年近く経ったいまでも論争が続く不可思議な事件でした。

とはいえ、事件そのものは単純です。蔣介石が突然、国民党政権が保有する最大規模の艦船『中山艦』が、黄埔軍官学校に砲門を向けて砲撃しようとしていると言い出し、町全体に戒厳令を敷いたのです。そして中国共産党の活動家たちを次々に逮捕しました。これに恐れをなした汪兆銘国民党主席は、香港を経由してフランスに亡命してしまいます。

蔣介石によるクーデターだったのか、汪兆銘や共産党による蔣介石排斥運動が発端だったのか、あるいは事実誤認が生んだ偶発的な事件だったのか……。ともあれ蔣介石は、同年6月に国民革命軍総司令に就任し、翌月には国民党主席に就任しました。

この時、38歳。以後、約半世紀にわたって国民党に君臨していくのです。

# 第2章 中国共産党の誕生

## 1921年〜1935年

### 創建メンバーはわずか13人

１９２０年代初頭に中国で、もう一つの勢力が、ひっそりと産声を上げました。２０２１年７月１日、北京の天安門広場で創建１００周年を盛大に祝った中国共産党です。いまや党員数９５１４万８０００人（２０２１年６月５日現在）と世界最大規模を誇り、共産党政権が保持する２００万人の人民解放軍は日々、台湾を威嚇《いかく》しています。

しかし、１００年前の１９２１年７月に開いた第１回共産党大会に参加した創建メンバーは、わずか13人に過ぎませんでした。しかも初期のメンバーは北京でなく上海を拠点とし、ほとんど南方出身のインテリや教育者たちだったことが特徴です。現在の習近平総書記は北京の出身ですが、初めて北方から出たトップです。

中国共産党の「100年史」の端緒は、後に都合よく塗り替えたりもしていますが、大枠は以下の通りです。1917年10月にロシア革命が起こり、世界初の「労働者が主体となる社会主義国」が誕生したことは、中国の知識人青年たちに大きな影響を与えました。

初期の中国共産党を指導したのは、陳独秀《ちんどくしゅう》（1879年～1942年）と李大釗《りだいしょう》（1889年～1927年）です。二人とも、早稲田大学（東京専門学校）に留学して、「大正デモクラシー」の空気を吸い、日本でマルクス主義に目覚めた共通点があります。いわば「中国のマルクスとエンゲルス」です。ロシア革命が起こった時、二人は共に北京大学にいて、陳独秀は文科学長（文科系学部を統括する学長）、李大釗は図書館主任でした。二人は大いに刺激を受け、1919年5月4日に、北京大学や北京師範大学などの学生たちが北京中心部の天安門で、大規模な抗日運動「五四運動」を起こします。陳独秀は逮捕され、その後、上海に移り住みました。

私は1995年から翌年にかけて北京大学に留学しましたが、北京大学では5月4日を創立記念日にしていて、いまでもこの日になると、五四運動を称える行事を催しています。

日本人留学生が肩身の狭い思いをする一日でした。

１９１８年11月に第一次世界大戦が終結し、パリ和平会議が開かれベルサイユ条約が結ばれますが、それは中国に衝撃を与えるものでした。前述のように袁世凱政権が、日本からの「対華21ヵ条要求」を容認していたことが公《おおやけ》にされ、ドイツが撤退した後の山東半島の権益を日本が引き継ぐことになったのです。

これによって、当時の知識人や学生たちは、欧米や日本の資本主義国に失望し、ロシアに誕生したばかりの共産党が指導する社会主義国に憧憬《どうけい》を抱くようになりました。

後に「新中国建国の父」となる毛沢東（１８９３年～１９７６年）は湖南省で、ナンバー2の総理となる周恩来（１８９８年～１９７６年）は天津で、五四運動に参加しました。周恩来は天津の南開大学を優秀な成績で卒業していますが、毛沢東は学業を修めていません。

無類の本好きだった毛は、１９１８年8月に初めて北京に上京、北京大学の図書館で用務員として働きました。学歴もなく、みすぼらしい身なりで「湖南弁」を話す毛沢東は、周囲から蔑《さげす》まれていました。毛沢東がこの時期、陳独秀や李大釗と面会したことは確認されていません。毛は後に共産党内で陳の秘書になりますが、北京大学のエリートたちは、毛沢東を歯牙《しが》にもかけませんでした。

毛沢東は新中国建国後に、反右派闘争や文化大革命を起こし、大勢の大学教授ら知識人たちが虐殺されたり、農村に強制労働に行かされたりしました。こうした知識人弾圧の原点は、この北京大学図書館時代にあったのです。

## ソ連共産党の弟分として産声を上げた

忘れてならないのは、中国共産党は、ソ連共産党の弟分として産声を上げたということです。いまの習近平総書記がロシアを最重要視する原点も、まさにここにあります。

ロシア革命を成功させたソ連共産党は、社会主義革命を輸出し、世界革命を実現するため、1919年3月に共産主義インターナショナル、通称コミンテルンをモスクワに発足させます。中心になったのは、「ロシア革命の父」ウラジーミル・レーニンでしたが、レーニンが1924年に死去した後は、ヨシフ・スターリンが引き継ぎました。

翌1920年5月、コミンテルンはグレゴリ・ヴォイチンスキーを中国に派遣し、陳独秀に中国共産党の設立を促します。そしてコミンテルンが資金提供を行い、1915年から陳独秀が発行していた雑誌『新青年』を機関誌にしていきます。8月には『新青年』編集者の陳望道が『共産党宣言』の中国語版を出版します。この雑誌には、日本の東北大学で医学を修めた「革命作家」魯迅《ろじん》も寄稿していました。

この頃、毛沢東も陳独秀から故郷・湖南省での『新青年』の販売係を仰《おお》せつかり、省都・

長沙に「文化書店」という小さな書店を開きます。毛沢東は社会主義や共産党うんぬんより、故郷で本に囲まれた生活が送れることが喜びだったのです。また、「文化書店」を通じて地元の知識人たちと知己になったおかげで、小学校校長のポストにも就きました。

翌１９２１年6月、コミンテルンからニコルスキー（本名ウラジーミル・ネイマン）とマーリン（本名ヘンドリクス・スネーフリート）が上海に派遣されます。二人は中国人のシンパに中国共産党の創立を促し、『新青年』のルートで、上海、北京、武漢（漢口）、広州（広東）、長沙、済南、東京の7都市から代表2名ずつを上海に呼び寄せます。

結局7月23日夜、上海のメンバー李漢俊《りかんしゅん》のフランス租界にある自宅に、李達《りたつ》（上海）、趙国燾《ちょうこくとう》・劉仁静《りゅうじんせい》（北京）、董必武《とうひつぶ》・陳潭秋《ちんたんしゅう》（武漢）、王尽美《おうじんび》・鄧恩銘《とうおんめい》（済南）、毛沢東・何叔《かじょ》衡《こう》（長沙）、陳公博《ちんこうはく》（広州）、周佛海《ちょうふっかい》（東京）、それに陳独秀代理とされる包恵僧《ほうけいそう》の計13人が密かに集まって、ニコルスキーとマーリン主導のもと、第1回共産党大会を開いたのです。

そこは２０２１年6月、共産党１００周年記念の前月に、巨大な記念館に改装されてリニューアルオープンしました。３Ｄ映像で会議の模様を再現していますが、毛沢東が格好よく映りすぎの感もあります。ともあれ、非合法の共産党員たちが集まるという情報が漏れて官警に踏み込まれ、中国人たちだけで李達夫人・王会悟《おうかいご》の故郷・浙江省嘉興《せっこうしょうかきょう》に逃亡。南湖に浮かぶ遊覧船を借り受け、「紅船《こうせん》」と名づけて、船上で「中国共産党綱領」と「中国共産党の最初の決議」を採択しました。

現在では、この場所も「革命の聖地」で、嘉興南湖革命記念館が建っています。2002年から2007年まで浙江省党委書記（省トップ）を務めた習近平総書記は、この記念館に思い入れが強く、2017年10月に第19回共産党大会を終えた後、新たに自分が選んだ「トップ7」（共産党中央政治局常務委員）を全員引き連れ、この地を訪れています。2021年3月に開かれた全国人民代表大会でも、わざわざこの記念館の女性学芸員を北京の人民大会堂に呼び寄せ、ホールで演説させることから大会を始めたほどです。

しかし現在の中国共産党が、第1回共産党大会に関して「省略」していることが3点あります。第一に、ソ連のコミンテルン主導で開催されたという事実です。中国共産党とは、会社にたとえるならモスクワに本社がある多国籍企業の上海支店だったわけです。だから支店長もモスクワからやって来て、中国人たちは現地採用の職員のようなものです。

実際、上海の李漢俊宅で行われた第1回大会では、口ひげを蓄えた長身のマーリンが英語で数時間の演説を行い、代表の一人がそれを中国語に訳していたと、ベストセラー『ワイルド・スワン』で有名な張戎（ユン・チアン）は著書『マオ　誰も知らなかった毛沢東』で記しています。中国の伝統的な長衫《チャンシャン》を着て黒い布靴を履いた田舎風の毛沢東は、ほとんど発言しませんでした。ところが、現在の中国共産党の公式の党史や、前述の記念館の映像では、まるで当時27歳の毛沢東が重要な役割を担っていたかのような印象を受けます。

第二の「省略」は、この重要な第1回中国共産党大会に、「中国のマルクスとエンゲルス」こと陳独秀と李大釗が、二人とも不参加だったことです。この頃、「南陳北李」と言われ、陳は広東教育委員長で、李は北京大学図書館主任でした。たとえコミンテルンの指導者たちと陳、李との関係が一時的にうまくいっていなかったとしても、二人の不参加は不自然です。現在の中国共産党の公式の党史『中国共産党簡史』では、「陳独秀と李大釗は仕事が多忙で欠席した」と繕《つくろ》っています。

前述のユン・チアンは、「実際の第1回大会は1920年に行われたが毛沢東が欠席だったため1921年に塗り替えた」と『マオ』に記しています。確かに毛沢東主席は、1960年に開いた第9回党大会の自分の党員証に「入党1920年」と記しています。日本のこの時代の研究の第一人者である石川禎浩京大教授も「『共産党』という自称、その名を冠した機関誌、そして『宣言』の三つを揃えた組織が、一九二〇年一一月に上海で生まれていたことは、疑う余地がない」と断定しています（『中国共産党、その百年』）。

ともあれ、この第1回大会で、陳独秀は中央局書記（党トップ）に選ばれ、李大釗は党中央指導北方地区の責任者になりました。しかしその後、陳は1927年にコミンテルンによって中国共産党を追われ、李も同年、北方の軍閥に暗殺されてしまいます。

習近平総書記が尊敬してやまないのは李大釗の方で、2009年に生誕120周年の座談会を自ら主宰し、「偉大な愛国者で、わが国にマルクス主義を伝えた反日闘士」と称えています。長男の李葆華《りほか》は、鄧小平時代の1978年に中国人民銀行行長に就きました。

第三の「省略」は、中国共産党は「労働者と農民の党」を謳《うた》っているにもかかわらず、第1回大会に参加したのは、学者、教育者、ジャーナリストらばかりで、労働者と農民は一人もいなかったことです。現在でも、中国共産党員9514万人のうち52%と、過半数が大卒以上（短大含む）です。「労働者と農民の党」というのは名ばかりで、実際は総人口の6・6%に過ぎないエリート集団なのです。

## 中国共産党と中国国民党は、ソ連にかかわる「兄弟党」

このような中国共産党に接近した大物政治家がいました。前述の孫文です。孫文は1923年1月、「中国国民党改組宣言」を発表します。その要諦《ようてい》は、「連ソ・容共《ようきょう》・労農扶助《ふじょ》」。すなわちソ連に連なり、共産党を容認し、彼らの主体である労働者と農民を扶助するということです。これは孫文自身が、ソ連の社会主義革命に傾倒したことを示しています。これまでの「上から目線」だけでは革命は成就《じょうじゅ》しないと悟ったのです。

1924年1月に開催された前述の第1回国民党大会では、この孫文の「連ソ・容共・

「労農扶助」の精神が、いかんなく発揮されました。というより孫文は、ソ連共産党を中国国民党のモデルとさえ考えていたフシもあります。

　孫文が、初めてマーリンと対面したのは１９２１年12月。場所は、孫文が拠点にしていた広州から北西４７０kmにある景勝地・桂林《けいりん》でした。この時、孫文は能弁なマーリンから「以党治国《いとうちこく》」（党によって国を治める）という統治手法を教えられ、大いに啓発を受けます。

　この「以党治国」をいまに踏襲《とうしゅう》しているのが中国共産党です。現在の中国では、国務院という李克強《りこくきょう》首相が率いる中央官庁は、習近平総書記が率いる中国共産党中央委員会が決めたことを実行する機関です。中国の政治用語では「党高政低」「南高北低」などと言います。「中南海《ちゅうなんかい》」（北京の最高幹部の職住地）で南部に位置する中国共産党中央弁公庁の方が、北部に位置する国務院弁公庁より権限が上という意味です。そうした中国共産党の統治方式を導入したのが、国民党の創始者・孫文だったというのは興味深いことです。

　孫文は１９２３年1月26日に上海で、ソ連外務人民委員会から派遣されたアドリフ・ヨッフェ駐中国大使と「孫文・ヨッフェ共同宣言」を発表します。ソ連が中国国民党に資金援助する代わりに、国民党は中国共産党を容認するというもので、ソ連を仲介役として「第一次国共合作」が成立しました。ちなみにヨッフェ大使は4年後、スターリン書記長の圧力を受けて自殺に追い込まれます。

こうした経緯から、孫文が地元・広州で開いた第1回国民党大会には、陳独秀、李大釗、毛沢東など中国共産党から20人余りが参加しているのです。彼らは「個人資格」の中国国民党員にもなっています。いわゆる「二重党員」です。李大釗、譚平山《たんへいざん》、于樹徳《うじゅとく》の3人は、半ば強引に国民党中央執行委員（24人）に入り込みました。

この時、後に宿敵となる蔣介石と毛沢東は、党大会の会場となった広東高等師範学校で、初対面を果たしています。当時36歳の蔣介石は、まだ討議に参加できない列席者（165人の党大会代表に入れない身分）でした。

一方、31歳の毛沢東は、共産党員が相対的に少なかったおかげで、表決権はないが発言権はある身分となり、国民党の17人の中央委員候補の一人に選ばれました。『蔣介石秘録6　共産党の台頭』には、「毛沢東との初対面」の光景が描かれています。

「突如、うしろの席から大声で発言を求める者があった。『主席、主席、39号が発言する。本案の討論を停止し、即刻表決に付すことを主張する！』この代表は、長い綿入れを身につけ、中肉中背で、いま田舎からでてきたような感じの男であった。湖南なまりの強いこの男が、毛沢東であった」

毛沢東がいきり立ったのは、国民党右派の幹部たちが、共産党員の「二重党籍」に反対したためでした。結局、毛沢東の強引な発言が功を奏して、「二重党籍」が認められたのです。同書によれば毛沢東は、国民党員が発言すると割って入って強弁し、異様な存在感を見せます。この時、毛沢東の方は、蒋介石の存在に気づいていなかったと思います。

このように、現在、台湾海峡を隔てて対峙している中国共産党と中国国民党は、ソ連を介在した「兄弟党」であり、元は同根だったのです。「兄弟は他人の始まり」とも言いますが、中国と台湾の争いは、近親憎悪の「兄弟ゲンカ」でもありました。

前述のように、蒋介石は第1回国民党大会の後、黄埔軍官学校の校長に就任します。この学校の政治部主任に就任したのが、フランスから帰国した中国共産党員・周恩来でした。蒋介石は、部下の周恩来が非常に優秀なので、国民党に取り込もうとしますが、周恩来は応じません。それどころか軍官学校の学生たちを、密かに共産党にオルグしていきます。

その結果、林彪《りんぴょう》、羅瑞卿《らずいきょう》らが共産党に入党。後に53人もが共産党軍の将軍となって、蒋介石を台湾に追いやりました。蒋介石にすればまさに「飼い犬に手を噛まれた」格好です。

## 蒋介石による徹底した「アカ狩り」

第1回国民党大会で握手した国民党と共産党は、孫文の死を経て1926年1月に、第2回国民党大会を開きます。蒋介石は36人の中央執行委員の一人に選ばれ、軍事報告を行いました。中央執行委員には、「寄生虫」のような共産党からも8人が選ばれました。

蔣介石は、前述のように第2回党大会の3年前にソ連を訪問し、ソ連の真の狙いは、欧米列強や日本に代わる中国の支配にあると見抜いていました。そのため国民党右派に属し、ソ連共産党の手先と見る中国共産党を嫌悪します。

しかし「北伐」による中国統一を目指していたので、当面の敵は中国の北方を支配する軍閥たちであり、彼らの北方にあるソ連を敵に回すことはできません。北方軍閥とソ連の接近を恐れたからです。そのため「寄生虫」（共産党）を容認せざるをえませんでした。

中国共産党のよりどころは、汪兆銘《おうちょうめい》を代表とする国民党左派でした。しかし北伐が進むにつれて、国民党軍を支配する蔣介石ら右派の勢力が伸張したため、国民党左派はじわじわと排斥《はいせき》されていきました。中央執行委員のメンバーは共産党が国民党の3分の1を超えてはならないとか、中央部長（大臣級）には就けないなどと新たなルールを定めていったのです。

国共の対立が決定的になったのが、中国最大都市の上海でした。1927年3月、蔣介石が南京から上海に入ります。当時の上海は、周恩来が指導する共産党上海委員会が勢力を伸ばしていました。そこへ4月に、汪兆銘がフランスから帰国し、共産党書記の陳独秀との協調路線を発表します。

こうした中、蔣介石が上海で「四・一二クーデター」を決行したのです。杜月笙《とげつしょう》ら「青《チン》幇《バン》」と呼ばれるマフィアまで動員して、共産党の拠点である労働組合や総工会などを急襲し、徹底した「アカ狩り」を行いました。これによって「第一次国共合作」は崩壊。国民党を蔣介石ら右派が掌握することになったのです。

蔣介石は国民党を掌握する仕上げとして、1927年12月1日、上海のマジェスティックホテルに1000人もの上海の政財界の指導者たちを集めて、4回目の結婚式を挙げました。相手は「宋家三姉妹」の末っ子、宋美齢です。姉の宋慶齢が孫文の未亡人だったので、蔣介石はこの結婚によって、名実ともに「孫文の後継者」となったのです。

蔣介石の最初の妻は、前述のように15歳の時に故郷で結婚した4歳年上の毛福梅です。二人の間には、一人息子の蔣経国が生まれ、経国は故郷で育ちます。しかし蔣介石は、辛亥革命の起こった1911年に日本から上海に戻ると、蘇州出身の芸者・姚冶誠《ようやせい》を妻にしました。その後、18歳年下の上海の製紙業者の娘、陳潔如《ちんけつじょ》を3番目の妻にします。

しかし中国の真の支配者になるには、有力者との「政略結婚」が必要と考えたのです。宋家が蔣介石のスポンサーとなる代わりに、末弟の宋子文を財政部長（財務相）にし、長姉・宋靄齢《そうあいれい》の夫・孔祥熙《こうしょうき》を行政院長（首相）にするという条件です。まさに政略結婚そのものでした。ちなみに陳潔如は、「5年だけアメリカで我慢してほしい」と蔣介石に説得されてアメリカに追い出され、後に『蔣介石に棄てられた女』という暴露本を遺します。

蔣介石は1928年1月、晴れて国民革命軍総司令に就任。翌月に国民党軍事委員会主席に就きました。以後、1975年に台湾で死去するまで軍権を手放しませんでした。

## 中国共産党・核心グループのメンバー交代

一方、中国共産党も、1921年に創建したものの紆余曲折がありました。まずは、共産党書記の陳独秀と、モスクワのコミンテルンから派遣されたマーリンやニコルスキーとの主導権争いが起こります。陳が目指したのは、中国自身の独立した共産党でしたが、ソ連側はコミンテルンの中国支部を作ろうとしたのですから、始めから水と油です。

中国共産党の活動資金は、主にコミンテルンが出していたため、次第に陳独秀グループは排除されていきました。当時の中国共産党員は、ソ連との関係を「嫁《よめ》と姑《しゅうとめ》」にたとえていました。しかしソ連にしてみれば、自分たちに忠実な中国人であれば、別に陳独秀でなくてもよいわけで、親ソ連派、特にソ連留学組の中国人が優遇されていきます。

毛沢東はと言えば、中国共産党がソ連の支部になるどころか、中国全体をソ連が支配しても構わないとの考えを表明していました。つまりコミンテルンにしてみれば、好ましい人物です。かつ都会人でもインテリでもない毛沢東は、御《ぎょ》しやすい存在でした。ただし、ソ連留学組のエリートではないので、中国共産党の核心グループには入れません。

加えて、これはほとんど指摘されていませんが、毛沢東は南部の湖南省という「重要な農村地帯」の出身だったことも得したと思います。もしも上海や広州の都会出身だったら、競争が激しく、淘汰《とうた》されてしまったに違いありません。また、西部や北部の荒れ果てた農村の出身ならば、そもそも相手にされなかったでしょう。湖南省は現在でも、7000万人もの人口を抱える「重要な穀倉地帯」なのです。

1925年3月に孫文が死去したことで、毛沢東に風向きがよくなります。それは国民党左派の代表格である汪兆銘が後継者に就いたからです。広東省出身で、まるで京劇役者のようにハンサムで欧米的センスを持った汪兆銘は、自分とは真逆の野暮ったい毛沢東を可愛がり、国民党中央宣伝部長代理のポストを与えます。

これは中国各地を宣伝して回る仕事で、毛沢東は農村地帯に、自分を憧れの眼差しで見てくれる農民たちがいることを発見します。極言すれば、32歳にして初めて、富裕層の支配階級や周囲の左翼インテリたちに対して抱いていたコンプレックスが、一部解消されたのです。毛沢東は1927年4月に、共産党中央委員会の代表候補になりました。

また、この年の4月に李大釗が獄死し、7月に陳独秀がコミンテルンによって排除されます。中国共産党の創立者たちが次々に去っていったのです。

代わって台頭したのは、周恩来や瞿秋白《くしゅうはく》らの海外留学組もしくは親ソ連派のインテリたちでした。彼らの目標は、中国にソ連のような社会主義国を作ることです。

しかし1927年の「四・一二クーデター」を契機として、蔣介石国民党軍による白色テロの時代に変わります。白色テロというのは、政権の側にいる右派がテロを起こすことで、主な標的は共産党員とそのシンパです。その結果、共産党は国民党に寄生するどころか、消滅の危機に陥ったのです。

こうした事情から、1928年6~7月の第6回共産党大会は、中国国内で開ける場所がなくなりました。そこでコミンテルンに費用を工面してもらい、主なメンバー100人余りが、モスクワ郊外に赴《おもむ》いて開くというありさまでした。

そんな中で、「農村から都市を包囲する」「銃口から政権が生まれる」といった革命武装闘争路線を主張し始めたのが毛沢東でした。毛は実際、1926年11月に中国共産党農民運動委員会なる組織を勝手に作り上げ、書記に就いてしまいます。そして1927年9月、故郷の湖南省と江西省の間にある文家という田舎町で、農民たち1500人余りを集めて、自身初めての武装蜂起となる「秋収《しゅうしゅう》蜂起」(秋の収穫期を狙った蜂起)を起こします。これは失敗に終わりましたが、毛沢東はそのまま近くの井崗山《せいこうざん》に立てこもりました。

この時点では、山賊集団でした。毛沢東は『水滸伝《すいこでん》』を愛読しており、そこに登場する梁山泊《りょうざんぱく》を自分で作ってみたかったのでしょう。周囲からは「山大王」と呼ばれていました。

ただ、1927年に毛沢東は、「中国における市民革命とは、市民と軍事の功績は3割で、農民の功績が7割だ」との持論を展開しています（『湖南農民運動考察報告』）。当時の人口4億人のうち大半は農民であり、農民と農村を味方につけた方が勝つという考えは斬新《ざんしん》です。都市型市民革命のロシア革命を手本にしたエリート中国共産党員にはない発想でした。また、都市型政党の国民党を率いて都市部の制圧に明け暮れた蔣介石軍とも対照的でした。

## 乱世のどさくさで出世した毛沢東

自身も農家出身の毛沢東は、農民を従わせる術《すべ》を心得ていました。前出のユン・チアンは、毛沢東は地主の公開処刑をイベント化することで地元住民を結集させていったと『マオ』に記しています。しかし毛沢東は、武装蜂起の部隊を勝手に引き連れて逃亡したとして、上海の共産党中央から、一時的に地位を剝奪《はくだつ》されてしまいます。

この井崗山時代に、毛沢東は3度目の結婚をしました。一度目は1908年、14歳の時に、湖南省湘潭《しょうたん》県の故郷で、小作農の父・毛貽昌《もういしょう》が定めた4歳年上の羅一秀《らいっしゅう》と結婚しましたが、羅は1910年に死去（原因不明）。2回目は、湖南省長沙出身の学者の娘で8歳年下の楊開慧《ようかいけい》で、1921年に結婚。3人の息子に恵まれましたが、毛沢東は井崗山に入ると妻子を捨て、近くの茶館の娘で、16歳年下の賀子珍《がしちん》と3度目の結婚をしました。毛沢東に棄てられた楊開慧は、1930年11月に国民党軍に捕まり、処刑されてしまいます。楊との間の長男・毛岸英《もうがんえい》も、後に朝鮮戦争で戦死しました。そして4人目の妻が、後に文化大革命で悪名を轟《とど》かせる山東省出身の女優・江青《こうせい》です。

1928年4月、孤立していた毛沢東に幸運がもたらされます。共産党の主翼を担っていた約4000人の朱徳《しゅとく》軍が、国民党軍に追われ、井崗山に落ち延びてきたのです。朱徳は四川省出身で、ドイツとロシアで軍事訓練を受けたプロの軍人でした。毛沢東より7歳年上で、実戦も豊富な上、人望もありました。「第一次国共合作」崩壊後、南昌《なんしょう》蜂起などに加わりましたが、完全武装した国民党軍には歯が立たず、各地を敗走したのです。

毛沢東は、自分の1000人ほどの土匪《どひ》もどきの集団と朱徳軍を合流させました。そして工農革命軍（後の紅軍＝共産党軍）第四軍を作り、自分が軍の共産党代表に収まることを朱徳に認めさせます。朱徳はナンバー2の軍長になりました。

当時は、中国共産党内の組織・人事・活動方針などに関する決定はすべて、後に周恩来が掌握する上海の地下組織を通して、モスクワのコミンテルン本部に照会し、許可を取る必要がありました。コミンテルンを支配していたのはソ連共産党のスターリン書記長です。

毛沢東はこうした一連の自己の勝手な決定を、コミンテルンに承認させようとしました。折りしも、中国共産党の代表者たちがモスクワ郊外に逃げ延びて第6回党大会を開いている最中だったため、スターリン書記長も中国の過酷な現状を理解し、承認しました。

中国では古代から「乱世に英雄が出る」（乱世出英雄）と言いますが、毛沢東はまさに「乱世のどさくさ」でなければ、中国共産党内で出世していけなかった人物でした。独善的かつわがままな性格で、周囲との協調性はゼロ。人の下につくと手を抜くし、マルクス主義の理論や国際インターナショナル活動にも興味がないから、左翼インテリとも嚙《か》み合いません。強烈な湖南省訛りの言葉を話すため、都会人たちには蔑まれます。

実際、毛沢東はこの時点で、モスクワに招待された100人余りの中国共産党の中核メンバーにも加えてもらえませんでした。スターリン書記長に会いに行くのは、新中国建国後の1949年になってからです。その時は、建国の報告とスターリンの古稀《こき》を祝う目的のソ連訪問でしたが、晴れて中国のトップに立っても厚遇されたとは言えませんでした。

## 紅軍は壊滅の危機に立たされる

1928年6月、孫文の遺訓だった北伐を完了させ、中国の大部分を掌握した蔣介石は、強大な国民党軍を井崗山に差し向けます。そのため翌1929年1月、毛沢東と朱徳は、3000人余りの武装勢力を従えて井崗山を下りました。この時も毛と朱で主導権争いが起き、朱を推す声の方が大きかったのですが、朱のスキャンダルが発覚します。前年4月に4番目の妻・賀治華《がちか》が、金品欲しさに、地下にもぐっていた共産党幹部を国民党の官警に売っていたことが発覚したのです。これによって党内での朱徳の権威が一時的に失墜し、紅軍第四軍は毛沢東が掌握しました。毛沢東は実に強運に恵まれた政治家です。

紅軍第四軍は、東シナ海に面した豊かな福建省に到達します。この時は、対岸の台湾が、20年後に国共対立の地になるなどとは、毛沢東以下、予想もしていなかったことでしょう。

1929年9月、上海の共産党地下組織を指導していた周恩来は、共産党が追い詰められていたこともあって、紅軍第四軍における毛沢東の指導を応援する文章を送ります。これに気をよくした毛沢東は、同年12月に全軍を福建省上杭《じょうこう》県古田村に招集し、紅軍第四軍第9回共産党大会を開きました。通称「古田会議」です。毛沢東は自ら3万字を超える決議案を作り、「8つの決議」を行いました。要は紅軍第四軍が、軍内の共産党代表である毛沢東に従うということを決めたわけです。

この「古田会議」を、「中国人民解放軍の原点」と賞賛しているのが、いまの習近平総書記です。2014年10月、人民解放軍や中国共産党の幹部たちを引き連れて古田を訪れ、「古田会議」を開いています。85年前に毛沢東が行ったスケジュールに沿って会議を行い、全員が当時と同じメニューの粗食を食べるという徹底ぶりでした。

この時、毛沢東と同じ壇上に立った習近平総書記は、対岸の台湾の方角を見据えて長い演説を行いました。「崇拝する先人」が成し得なかった台湾統一を自分が果たすのだという決意を新たにしたことでしょう。

毛沢東は翌1930年、戦闘の混乱の中で、紅軍のもう一つの主力軍だった彭徳懐《ほうとくかい》の第三軍も吸収します。彭徳懐は毛沢東の同郷の5歳年下の軍人で、毛家と異なり幼少期は物乞いをして育ち、母親は餓死《がし》しています。後に新中国建国の際、初代国防相に就きます。

彭徳懐軍は、故郷の湖南省の省都・長沙を支配していましたが、長沙を流れる湘江を航行中のアメリカ艦船『グアム』を砲撃してしまい、アメリカ軍の猛反撃を喰らいます。それで長沙を脱出し、毛沢東軍と合流しました。この時も毛沢東が狡猾な権力闘争を仕掛け、自分がトップで、部下の人望が厚い彭徳懐がナンバー2という序列にしました。毛沢東は中国労農革命委員会なる「軍を指導する組織」を作り、主席に収まってしまったのです。

平時であれば、この時も毛沢東はモスクワから除名処分を喰らったに違いありません。しかしスターリンは、自分と似た境遇の毛沢東を気に入っていた様子がうかがえます。スターリンもまた、モスクワやサンクトペテルブルクどころか、ロシアでもないグルジアの農村から出て来て、裸一貫で権力闘争を勝ち抜いてソ連のトップに上り詰めたからです。

折りしも、1930年冬から1931年夏にかけて、蒋介石率いる国民党軍は3度にわたって、「囲剿《いそう》」と呼ぶ紅軍（共産党軍）掃討作戦を行いました。これにより紅軍は壊滅の危機に立たされ、何とか農村地帯のゲリラ戦で耐え忍ぶというありさまでした。

## 満州事変後、国民党と共産党の攻防

そんな中、共産党は思わぬ「天啓《てんけい》」によって救われます。それは1931年9月18日、日本軍が突如として、満州事変を起こしたことでした。石原莞爾《かんじ》作戦主任参謀を中心とする関東軍が、満州と呼ばれる中国東北地方一帯を、瞬く間に占領してしまったのです。日本は翌年3月、満州国を建国し、廃帝《はいてい》となっていたラストエンペラー溥儀《ふぎ》を担ぎ出して、満州国皇帝に据えます。日本に続き、国境を接するソ連も、満州国を承認しました。

蔣介石軍にしてみれば、まるで猫がネズミを捕まえている最中に、背後から狂犬に襲われたようなものでした。しかも、清国を打倒して中華民国を建国したというのが自分たちの正統性の根拠なのに、その清国の末帝を日本が復位させたのです。

逆に毛沢東の紅軍は、息を吹き返しました。そして満州事変勃発から2ヵ月も経たない1931年11月7日、ロシア革命14周年記念日に、支配していた江西省東南部の瑞金《ずいきん》で、中華ソビエト共和国の樹立を宣言したのです。毛沢東は中央執行委員会主席（政府）と人民委員会（国会）の主席に就きました。毛沢東が「主席《ジュウシー》」の敬称で呼ばれるようになったのは、この時が最初です。ちなみに現在の習近平主席も「主席」と呼ばれるのを好みます。

毛沢東は、一言で言えば江西省と福建省に、「もう一つのソ連」を作ろうとしました。しかし、建国の翌月には周恩来が上海からやって来て、「主席」の上位にある中華ソビエト共和国共産党中央局書記に就いてしまいます。翌1932年10月に開かれた中央局全体会議、いわゆる寧都《ねいと》会議で、毛沢東は軍権を剝奪されました。代わって周恩来が、紅軍第四軍を紅軍第一方面軍と改組し、総政治委員（軍トップの共産党委員）に就きました。毛沢東は後年、「自分は便所の踏み石にされ、幽霊も訪ねて来なくなった」と述懐しています。

周恩来は人望が厚く抜群の調整能力を有することから、中国共産党幹部やモスクワのコミンテルンから指導者に推されていました。対照的に毛沢東は「天と闘い、地と闘い、人と闘う。その楽しみ、尽きることなし」と言う天性の革命家であり、平時には弱いのです。

しかしこの共和国は、「三年天下」に終わります。蔣介石軍が、1932年から翌年にかけて「第4次囲剿《いそう》」を、続いて1933年秋から1934年にかけて「第5次囲剿」を仕掛けてきたからです。特に第5次囲剿では、135万人もの軍隊を投入。かつドイツ人の参謀を起用して、占領した拠点にトーチカ（鉄筋コンクリート製防御陣地）を築き、経済封鎖する戦法を採用したため、脆弱《ぜいじゃく》な紅軍は耐えきれませんでした。

## 「毛が謀を立て、周が成し遂げる」関係のスタート

満州事変が起こった時、蔣介石の国民党軍は、日本軍と戦うか、それとも紅軍（共産党軍）と戦うかの二者択一を迫られました。この時、蔣介石は、迷わず「安内攘外《あんないじょうがい》」（内を安らかにしてから外の敵を追い払う）という方針を唱えます。つまり「囲剿」――紅軍の掃討作戦を優先させるということです。

国民党軍の猛攻を受け、中華ソビエト共和国を維持できなくなった紅軍は、１９３４年10月に瑞金を離れました。以後、丸一年にわたって、陝西省呉起《ごき》まで約１万２５００㎞を徒歩で逃亡したのです。いわゆる「長征《ちょうせい》」です。瑞金を脱出した８・６万人は、戦死や逃亡、病死や餓死などで最後は1万人まで減りました。しかし現在の習近平政権は「18の山脈を越え24の大河を渡り10軍閥と戦った世界の歴史上、前代未聞の壮挙」と宣伝しています。ちなみに前掲書『マオ』によれば、毛沢東は徒歩でなく、特製の担架に担がれて寝そべって移動し、読書にいそしんでいたそうです。

決死の逃亡の最中に、共産党は計19回も会議を開いています。中でも重要な会議が、１９３５年1月15日から17日、貴州省遵義《じゅんぎ》の軍幹部邸宅に20人の幹部が集まって開いた遵義会議でした。当時、共産党内で失脚していた毛沢東が、「瑞金を手放さねばならなかったことへの指導部の総括を行うべきだ」と主張したのです。

## 革命の根拠地と長征の進路

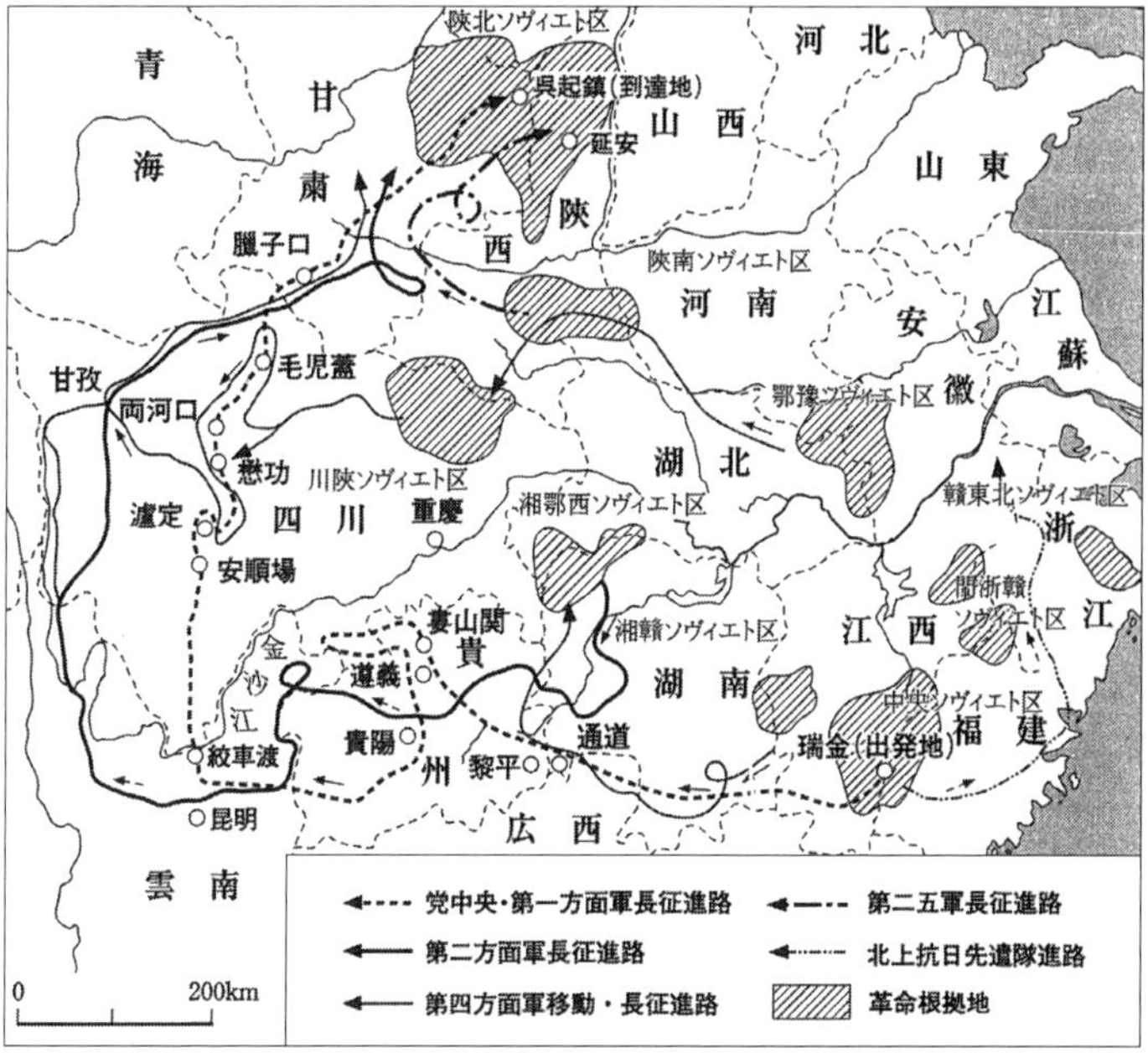


出典：天児慧著『中国の歴史11　巨龍の胎動』（講談社学術文庫）

この時、毛沢東は、起死回生の党内クーデターを成功させます。ソ連派のエリートを代表する博古《はくこ》と、ソ連のコミンテルンから派遣されたドイツ人顧問オットー・ブラウンを失脚させ、毛沢東、周恩来、王稼祥《おうかしょう》（ソ連留学組だが毛沢東に忠実だった）の「3人組」による指導体制に改めたのです。本来なら周恩来も責任を取らされる側にいたわけですが、自己批判して毛沢東支持に回りました。

「毛が謀《はかりごと》を立て、周が成

し遂げる」という両者の性格に合致した主従関係が、この先、1976年に揃って死去する時まで続きます。共産党の多くの幹部が、毛によって一度は失脚させられますが、周恩来だけはナンバー2であり続け「不倒翁《ふとうおう》」と呼ばれました。

こうして、遵義会議によって事実上、中国共産党内における毛沢東の指導体制が確立しました。中国共産党の創建から14年、毛沢東は41歳になっていました。

# 第3章 蔣介石vs毛沢東Ⅰ

## 1936年〜1949年

### 日中戦争前、「一強二弱」の状態だった

国内の複雑な状況に加え、周囲を取り巻く大国の思惑も蠢《うごめ》き、中国を巡る事態は、多くの当事者たちが予想もしていなかった方向へと進んでいきます。１９３６年末の西安事件から翌年の日中戦争開戦、そして第二次世界大戦後の国共内戦です。

１９３６年末の時点で、満州国を除く中国は、「一強二弱」の状態でした。「一強」とは、蔣介石主席兼国民革命軍総司令率いる国民党です。１９３１年に日本が満州事変を起こし、

翌年に傀儡《かいらい》国家の満州国を東北地方に建国しますが、蔣介石は「安内攘外《あんないじょうがい》」を掲げて、日本との対決よりも国内の統一を優先させました。このため蔣介石は「恐日病」のレッテルを貼られますが、構わず5度にわたる「囲剿《いそう》」（紅軍掃討作戦）を敢行します。

「二弱」のうち一方は、中国共産党です。共産党は1931年、江西省瑞金に中華ソビエト共和国を建国しますが、早くも3年後には国民党軍に攻撃されて崩壊します。

前章で述べたように、丸一年にわたって約1万2500kmも「長征」という名の逃避行を続け、最後は1935年末に1万人ほどで、陝西《せんせい》省延安《えんあん》に拠点を構えました。

なぜ共産党が最終拠点を辺鄙《へんぴ》な延安に定めたかと言えば、いくつかの理由が考えられます。国民党や日本軍の支配が及ばない奥地だったこと、新たに耕作できる土地が残っていたことなどです。しかし私は、最大の理由はソ連から近かったからだと思っています。毛沢東たちは、新疆ウイグルやモンゴルを通じたソ連からの武器と資金の供給に、最後の望みをかけたのです。実際、1936年9月に、スターリンは紅軍への協力にゴーサインを出し、紅軍は息を吹き返していきます。

「二弱」のもう一方は、張学良が率いる東北軍閥です。張学良は、東北軍閥の総帥だった父・張作霖《ちょうさくりん》を、1928年6月に日本軍に爆殺され、満州事変と満州国建国によって支配地域からの撤退を余儀なくされます。そのため日本に強い恨みを持ち、蔣介石を「兄貴」

と頼って国民党軍に加入。延安から300㎞の陝西省の省都・西安に落ち延びます。

ところが、「兄貴」の当面の敵は、日本軍でなく中国共産党軍です。1936年春、蔣介石は共産党軍を殲滅《せんめつ》させるため、第6次囲剿を決断。その先兵役を、近くに陣を張っている張学良軍に命じました。

ソ連も暗躍します。当時のソ連が最も恐れたのは、西側のナチスドイツと東側の日本が手を組み、東西からソ連を挟撃《きょうげき》してくることでした。ソ連は世界最大の国土を有しており、東西どちらかの側でしか本格的な戦闘は行えないからです。特にドイツとの近未来の開戦は必至と見ていただけに、いかに日本軍をソ連に向かわせないようにするかが急務でした。それには中国国内を一体化して、日本と戦わせるのがベストです。

そこでソ連は、1935年7月にコミンテルン第7回大会を開き、これまで敵視してきたブルジョアを味方につけ、反ファシズム統一戦線を作ると方針転換します。そしてこの方針に沿って8月1日、モスクワの駐コミンテルン中国共産党代表団に「抗日救国のために全同胞に告げる書」（八一宣言）を発表させたのです。

ソ連は、手下の中国共産党はもとより、同じく日本を仇敵とする張学良にも、軍事的及び経済的支援を約束して、国内での和解を促します。当時の張学良は、イタリアのファシスト党を率いるベニート・ムッソリーニと「盟友関係」にありましたが、ソ連のバックアップを得られれば、日本軍を駆逐して東北軍の栄光を取り戻せると期待を抱きます。

こうしてソ連の仲介で、1936年4月に周恩来・張学良会談が実現しました。しかし共産党を率いる毛沢東は、国民党軍との主戦論者だったため、交渉は紆余曲折しました。

ソ連は蔣介石に対しても、長男の蔣経国がソ連に留学中だったので、「人質」にして和平のプレッシャーをかけました。しかし、かつてソ連を訪問して以降、すっかり「反共闘士」となった蔣介石は、ソ連の言うことに耳を傾けません。むしろ、日本が早くソ連と開戦してくれた方が、日本の侵略が中国へ向かなくなると考えていました。

そうしているうちに、同年11月25日、日本とドイツが防共協定を結びました。ソ連としては、まさに悪夢が現実のものとなってきたわけで、もう一刻も猶予がありません。

## 張学良によるクーデター「西安事件」

そんな中、12月4日に蔣介石が、西安を視察に訪れました。張学良は一週間にわたって、蔣介石に共産党軍との和解と一致団結した抗日を説きますが、蔣には馬耳東風《ばじとうふう》でした。

12月12日朝6時、蔣介石は宿舎にしていた西安郊外の華清池《かせいち》（唐の玄宗《げんそう》皇帝と楊貴妃の保養地として有名）で、日課の朝の体操をしていました。その直後に銃声が鳴り響いたため、裸足のまま裏門の塀《へい》を乗り越えて、驪山《りざん》に逃《のが》れます。しかし午前9時に張学良軍に捕まり、西安城に軟禁されてしまいました。いわゆる「兵諫《へいかん》」（兵を上げての諫言《かんげん》）です。

これが、世界を揺るがした張学良によるクーデター「西安事件」です。歴史に「もしも」という言葉は禁句ですが、もしも西安事件が起こっていなければ、現在、中国共産党が中国を支配していることもなければ、台湾問題が起きることもなかったでしょう。すなわち中国には、中華民国という日本と同じ資本主義国家が築かれていたということです。

この一報が国民政府の首都・南京に入ると、国民党組織部長（人事部長）の陳立夫《ちんりっぷ》（蔣介石の兄貴分で、上海で暗殺された陳其美の甥《おい》）は、真っ先にモスクワに電報を打ち、「絶対に殺すな」と告げます。張学良のバックに中国共産党がいて、そのバックにいるソ連の命令で事件が起こったと考えたのです。

当のソ連は驚愕《きょうがく》し、蔣介石を殺して日独防共協定に中国を加えるための日本の謀略ではないかと勘《かん》ぐります。ともあれ傘下《さんか》にある延安の中国共産党に向けて、「絶対に蔣介石を殺してはならない」と至急電を打ちます。同時に、ソ連共産党中央委員会機関紙『プラウダ』などを通じて、「蔣介石を支持する」との論評を発表し、釈放を要求します。

当の張学良は、蔣介石を軟禁した当日に、救国政府の設立などを求める「八項目要求」を全国に打電。蔣とも対面し、同様のことを求めました。ところが蔣介石は、「私を殺すか釈放するかのどちらかにしろ」の一点張りです。

張学良は17日に延安にボーイング機を差し向け、共産党の周恩来を呼び寄せます。毛沢東は「一刻も早く処刑せよ」と主張しますが、周恩来はソ連の指示の方に忠実でした。20日に南京から国民政府を代表して宋子文（宋家三姉妹の兄弟）が到着。宋美齢も22日に到着し、蔣介石と面会しました。23日と24日には、張学良、周恩来、宋子文に、地元の西北第十七路軍を率いる楊虎城《ようこじょう》も含めた4者会談が行われます。

24日夜10時過ぎ、ついに蔣介石、周恩来、張学良の三者会談が実現しました。周恩来は、かつて広州の黄埔軍官学校時代に上司だった蔣介石に敬礼し、「校長」と呼びかけます。

こうして蔣介石は、張学良の要求を呑《の》んで釈放されることになったのです。要求とは、国民党軍の西北地域からの撤退、囲剿の停止、新内閣発足、政治犯の釈放、国民大会の早期開催、米英ソとの連携などです。つまり中国は一致団結し、日本とだけ戦うという「第二次国共合作」でした。紅軍は翌年、国民革命軍第八路軍に改編されます。

12月25日の夕刻に釈放された蔣介石は、専用機で西安から洛陽を経由して、翌日昼に南京に帰還。南京市民は、クリスマス・プレゼントと言って街中に爆竹を鳴らし、熱烈歓迎しました。陳立夫はソ連に至急電報を打って報告しています。

この時、なぜか張学良も、強引に蔣介石に付き添って南京入りしました。張学良は「兵諫」という重大犯罪を犯したわけで、南京に行けば軍事裁判にかけられ即刻、処刑が予想されたにもかかわらずです。この不可解な行動については、1990年に初めて受けたNHKのインタビューで、「あの時私があのようにしなければ、内戦はさらに拡大したでしょう。私は内戦をやめさせるために、自分を犠牲にすることに決めたのです」と答えています。実際、張学良は南京で軍事裁判にかけられ、第二次世界大戦終結後の1946年に台湾へ移送されます。そして半世紀以上の長きにわたって軟禁生活を強いられました。1991年、90歳にして軟禁が解かれると、台湾を離れてハワイで余生を送り、2001年に100歳で大往生を遂げました。最期まで「軍人気質」を貫いた東北人《ドンベイレン》だったと思います。

## 日中戦争に救われた中国共産党

こうして強引な形でもって、「第二次国共合作」が成立しました。中国に再び、つかの間の呉越同舟による平和が戻ったのです。また歴史の禁を犯す「仮説」を唱えますが、この国共合作がそのまま進んでいれば、再び国民党と共産党の関係がヒビ割れて、内戦に陥ったに相違ありません。そうなれば、国民党が中国を統一し、共産党は消滅。すなわち中華人民共和国は建国されていないし、いまの台湾問題も起こっていなかったはずです。

毛沢東自身、1964年7月10日に、日本社会党訪中団との面会で、こう述べています。

「もし、みなさんの皇軍（日本軍）が中国の大半を侵略しなかったら、中国人民は、団結して、みなさんに立ち向かうことができなかったし、中国共産党は権力を奪取しきれなかった」

毛沢東が述べているように、第二次国共合作がまだよちよち歩きだった1937年7月7日に、盧溝橋《ろこうきょう》事件が勃発。その後、日中は8年の長きにわたる全面戦争となったのです。

盧溝橋というのは、北京の西郊に架かっている橋です。日本軍支那駐屯歩兵第1連隊第3大隊が、この橋の土手で夜間演習中に、中国兵に襲われたとして、その後、事態収拾が困難になり、日中開戦となりました。事件の真相はいまだ藪《やぶ》の中ですが、この時の牟田口《むたぐち》廉也《れんや》歩兵第1連隊長（後の陸軍中将）は、1944年に日本陸軍の「史上最悪の作戦」インパール作戦を強行し、14万人もの日本兵をミャンマーで死滅させた張本人です。

現在では盧溝橋に、中国人民抗日戦争記念館が建ち、習近平主席の命令で大幅に増築されました。私も何度か足を運びましたが、いつ訪れても中国の庶民や修学旅行生らで賑わっていて、習近平主席の勇ましい言葉や巨大なパネル写真などが飾られています。

強力な日本とは戦争を起こす気がなかった蒋介石も、この盧溝橋事件で目を覚まし、7月17日に、いわゆる廬山《ろざん》談話を発表します。

「われわれはただの弱小国にすぎないが、最後の関頭《かんとう》に臨んだら、全国民の生命を賭けて、国家の生存を救うまでだ。最後まで犠牲を払い、最後まで抗戦する……」

これに対し日本軍は、「暴支膺懲《ぼうしようちょう》」をスローガンに掲げて、手始めに北平（北京）を占領します。「暴れる支那《しな》＝中国を征伐して懲《こ》らしめる」という意味です。

日中戦争は、開戦当初は日本軍の連戦連勝でした。最大都市の上海を開戦4ヵ月で制圧。続いて杭州、蘇州と、上海の後方部にある要衝を占領していき、同年12月には、国民政府の首都・南京《ナンキン》を陥落させました。この時、「30万人の無辜《むこ》の市民を虐殺した」と主張しているのが、いまの中国です。いわゆる「南京大虐殺」の問題で、南京の侵華日軍南京大屠殺遭難同胞紀念館（南京大虐殺記念館）へ行くと、被害者の骨を集めて作ったという「300000」という数字のモニュメントが、これ見よがしに入口に掲げられています。

この件に関しては、私も現地へ行って資料収集したり聞き取り調査をしたことがありますが、「30万人」という数は大袈裟だと思います。しかし占領時に、1万人規模の市民を長江の川べりに集め「虐殺」したことは事実と推察されます。この件を取材してきた現地の中国人記者は、「たとえ何人だろうが、無辜《むこ》の南京市民を虐殺した事実は変わらない」と怒りをあらわにしました。

たしかに古今東西、戦争に虐殺はつきものです。例えば漢の司馬遷《しばせん》が書いた『史記』を読むと、「戦国七雄」の一角だった秦が中国を統一していく過程で、「30万人を穴埋めにした」といった記述が随所に出てきます。

ともあれ、国民政府の首都は陥落し、日本では「南京陥落大勝利」という歌が作られ、各地で戦勝行事が開かれます。日清戦争、日露戦争、満州事変、日中戦争と、「神の国・大日本帝国は不敗」というわけです。

こうした状況を冷徹に見ていたのが、陝西省延安に引きこもっていた八路軍（紅軍）でした。中国共産党にとって、日本軍の侵略は忸怩《じくじ》たるものがありますが、自分たちが太刀打ちできなかった国民党軍を日本軍が叩いてくれるのは「不幸中の幸い」だったのです。

そんな中、毛沢東は1938年5月から6月にかけて、有名な『持久戦論』を発表します。これは、「戦略防衛・反攻準備・戦略反攻」という3段階からなっています。分かりやすく言えば、「奥地に逃げ込み、戦力を蓄え、反撃していく」という長期戦によって日本軍を撃退していくという戦術です。かつて紅軍が国民党軍に対して行った農村ゲリラ戦を、今度は日本軍に対して仕掛けようというわけです。

この発想を、現在そのままアメリカに対して応用しようとしているのが習近平政権です。2018年に、米ドナルド・トランプ政権との間に「貿易戦争」が起こると、習近平主席は共産党内部で「『持久戦論』再読運動」を起こしました。崇拝する毛沢東主席に何でもあやかろうというのが、習近平主席の一大特徴です。

## 「援蔣ルート」が強化される

日中戦争に話を戻すと、１９３８年10月、日本軍は中部の要衝である武漢三鎮（武昌・漢口・漢陽）と、南部の要衝である広州を制圧します。「勝ち将棋鬼のごとし」という言葉がありますが、この時期までの日本軍は、まさに「アジア最強軍」でした。内陸部の重慶《じゅうけい》に落ち延びた蔣介石軍は、中国国内でまともな兵器調達ができず、後背地のビルマ（ミャンマー）（援蔣《えんしょう》ルート）から入ってくる米英ソの救援物資が生命線というありさまです。

同年12月、重慶の蔣介石軍に、さらなる激震が走ります。「もはや日本軍に勝てない」と自軍を見限った国民党ナンバー2の汪兆銘副総裁とその一派が、重慶から雲南省昆明《こんめい》を経て、いまのベトナムのハノイに逃げたのです。そして日本と組んで、１９４０年3月に南京を首都とする親日政権「中華民国国民政府」（汪兆銘政権、南京政府）を樹立します。

こうした状況をチャンスと捉え、最大限に「活用」していったのが、毛沢東率いる中国共産党でした。国民党軍の支配地域が減った分、紅軍は増殖していき、日中戦争開始時に2・2万人しかいなかった軍勢は、3年後の１９４０年には40万人まで増えました。まさに日中戦争で「漁夫の利」を得た格好です。この頃、ヨーロッパの動きも慌ただしくなっていきます。１９３９年8月に、不倶戴天《ふぐたいてん》の敵同士だったはずのスターリンとアドルフ・ヒトラーが手を組み、独ソ不可侵条約を締結。ドイツ軍が翌月、ポーランドに侵攻し、英仏がドイツに宣戦布告したことで、第二次世界大戦が開戦しました。

翌1940年9月には、日本がドイツ、イタリアと三国同盟を結びます。三国同盟は、日本軍に思わぬ逆境を与えました。イギリスにとって、交戦中のドイツと組んだ日本も「敵軍」となったため、「援蔣ルート」を強化したのです。瀕死の状態にあった蔣介石軍が、にわかに息を吹き返しました。増強中の紅軍も、華北で日本軍への反撃を開始します。

そうした状況下で、さらにもう一ヵ国、強国がゲームに参入してきます。それまで表面上は中立を保ってきたアメリカです。1940年4月から、日米は外交交渉を始めますが、アメリカの最大の目的は、中国における自国の権益を日本から取り戻すことでした。

アメリカは日中戦争が開戦して以降、中国の銀を大量に買いつけ、7000万ドルも供与して蔣介石軍を支えました。蔣介石軍はその戦費で、アメリカから279機も戦闘機を買います。そのため日本が中国の長い海岸線を封鎖しようとして、日米が対立したのです。

1941年に入ると、アメリカは蔣介石軍に対して、さらに1億ドル＋戦闘機500機の供与、6000万ドル分の中国の鉱産物の購入などを決めます。そして同年4月の日米交渉で、①中国の主権承認、②中国の内政不干渉、③中国貿易の機会均等、④アジア太平洋の現状不変更という4原則を日本に突きつけます。

日本がこれを無視していると、アメリカは7月に在米日本資産凍結、8月に対日石油輸出禁止の措置を立て続けに取ります。結局、追い詰められた日本は、「窮鼠《きゅうそ》猫を嚙《か》む」のたとえ通り、12月8日に真珠湾攻撃を行い、太平洋戦争に突入しました。

## 中国の権益を争う日米の戦いだった

このあたりの状況を俯瞰《ふかん》すると、興味深いことがいくつかあります。まず太平洋戦争というのは、日米両国の互いの国の領土紛争ではなく、第三国である中国の権益を争う戦いだったということ。かつ開戦までの交渉に、当事者である中国が加わっていないことです。

さらに、大きな犠牲を払って日本との戦いに勝利したアメリカは、最大の目的だった中国の権益を手にできたかと言えば、答えは否です。国共内戦の末、蔣介石軍が敗北し、アメリカは中国大陸から追い出されてしまったからです。

一方の日本も、この上なく無謀でした。何せ鉄鋼生産量が24倍もあり、石油の7割を輸入していたアメリカを相手に戦争を起こしたのです。1941年夏には、秋丸機関の『英米合作経済抗戦力調査』や総力戦研究所の『総力戦机上演習』関連資料などで、「日米格差」は正確に報告されています。それでも精神論を前面に押し出して対米開戦に踏み切ったのです。

日中戦争に立ち返ると、太平洋戦争開戦が日本にもたらしたマイナス面が2点ありました。一つは、アメリカと中国という「2正面作戦」には無理があったため、中国戦線の局地戦で日本軍が敗北を喫するようになったことです。日米開戦翌月の1942年1月、日本軍は南部の要衝である湖南省・長沙から撤退を余儀なくされます。「日中8年戦争」を顧《かえり》みた時、日本が喫した初めての大きな敗北で、以後はしばしば敗北するようになります。

同年9月に日本軍は、16個師団の総力を結集して重慶を陥《おとしい》れ、蔣介石国民政府を壊滅させる計画を立てますが、この作戦が実行に移されることはありませんでした。日本軍はもはや、太平洋戦線でアメリカの攻勢を耐え忍ぶのに精一杯になっていったのです。

日本にとってもう一つのマイナス面は、蔣介石国民政府を、名実ともに米英の連合国軍の一員に加えてしまったことです。その象徴が、1943年11月にエジプトの首都カイロで行われたカイロ会談でした。参加した蔣介石は、セオドラ・ルーズベルト米大統領、ウインストン・チャーチル英首相と並び立ち、晴れて「3巨頭」の一員となったのです。

同年12月1日に「カイロ宣言」が発表されますが、そこにはこう記されています。「満洲、台湾及び澎湖島のような日本国が清国人より盗んだ一切の地域を中華民国に返還することとする」。ここに初めて、1895年以来、日本が植民地支配してきた台湾の中華民国への返還が、国際的な取り決めに明記されました。

カイロ宣言の末尾には、こう書かれています。「日本国の無条件降伏をもたらすのに必要な重大かつ長期の行動を続行すべきである」。すなわち日本が無条件降伏するまで、米英中は結束して戦うという決意表明です。この会談で、蔣介石軍は息を吹き返しました。

ただ、日本にとっても「不幸中の幸い」が一つだけありました。すでに「日本占領」を視野に入れていたルーズベルト大統領が、かつて日本陸軍に所属していた日本通の蔣介石大元帥に、天皇制の存続について意見を求めました。すると蔣介石は、「そんなことは日本国民が決めればいいことだ」と、素っ気なく答えたのです。おそらく、生粋《きっすい》の軍人で中国戦線に集中していた蔣介石は、日本の天皇制のことなど興味なかったと思います。しかしもしも、「天皇制を廃止しない限り日本の軍国主義はなくならない」と強調していたら、1945年以降の日本で天皇は消えていたかもしれなかったのです。

さらに戦後の話になりますが、国共内戦で共産党軍が勝利したことで、アメリカは中国大陸から撤退を余儀なくされ、西側陣営の防波堤として日本の経済発展に傾注します。もしも国民党が勝利していたなら、日本の戦後の高度経済成長はなかったかもしれません。

話を第二次世界大戦に戻すと、ナチスドイツの降伏を目前にして、1945年2月にソ連のクリミア半島でヤルタ会談が開かれます。こちらの「3巨頭」はルーズベルト米大統領、チャーチル英首相、スターリンソ連書記長です。第二次世界大戦後の国際秩序を決めた会談と言えば聞こえはいいですが、実際には新たな勢力による「領土分割作業」でした。

3巨頭会談の主要議題はポーランド問題でしたが、極東問題についても秘密協定が結ばれます。簡単に言えば、ドイツが降伏して2～3ヵ月を経て、ソ連が日ソ中立条約を破棄して日本に宣戦布告する代わりに、アメリカが「日露戦争前のソ連の権益」（実際はそれ以上）を認めるというものです。要は、樺太（サハリン）南部、千島列島、大連と旅順、それに南満州鉄道と、ソ連が渇望する不凍港などをエサにして対日参戦を促したわけです。

その意味で、いまの北方領土問題の遠因は、アメリカにあるとも言えます。中国はヤルタ会議への参加を認められなかったばかりか、再び自国の領土について勝手に決められてしまいました。欧米列強の19世紀以来の中国観は変わっていません。

ただ同年5月8日にドイツが降伏するや、ヨーロッパで急速に「米英vs.ソ連」という冷戦が始まり、アメリカはアジアにおけるソ連の権益拡大承認を後悔します。ヤルタ協定を結んだ2ヵ月後にルーズベルト大統領が急死したこともアメリカ外交に影を落とします。

結局、ソ連は8月9日に日本に宣戦布告しますが、アメリカは8月6日に広島に、9日に長崎に原爆を投下しました。この2発の原爆投下は、単に日本との太平洋戦争を早期に終わらせることだけが目的ではなく、ハリー・トルーマン新政権のソ連に対する焦燥感《しょうそうかん》の表れでもあったと思います。戦後アジアの冷戦を見据えたアメリカの支配体制確立を急いだということです。この時点でアメリカだけが保有していたウラン型とプルトニウム型の

2種類の原爆を、それぞれ広島と長崎に投下し、そのパワーをソ連に見せつけたのです。

## 8月15日、蔣介石の一世一代のスピーチ

実際、第二次世界大戦の終結後、アジアにも冷戦構造が色濃く表れます。日本はあわや北海道全域をソ連に占領されるところで、アメリカの力でそれは阻止できましたが、北方領土問題を抱えます。日本の植民地だった朝鮮半島は、ヤルタ協定により米ソの信託統治となり、1950年に朝鮮戦争が勃発。現在でも南北に分断されたままです。

そして中国でも、アメリカとソ連の代理戦争のような形で、国共内戦が勃発したのです。

1945年8月15日午前10時（日本時間午前11時）、蔣介石は「抗戦勝利を全国軍民及び世界の人士に告げる書」を重慶からラジオで発表します。日本で昭和天皇が玉音放送を発表した1時間前に設定したところに「戦勝国」としての中国側のプライドを感じます。

この4分44秒の短いスピーチを改めて聞くと、蔣介石は強い浙江訛《なま》りの中国語を話しています。滑らかな標準日本語で話した昭和天皇と異なり、中国国民の多くはよく聞き取れなかっただろうと思います。

それでも、蔣介石一世一代の迫力溢《あふ》れるスピーチであり、中国史で言えば、「項羽《こうう》と劉邦《りゅうほう》」で有名な項羽を髣髴《ほうふつ》させます。竹を割ったような一本気な軍人気質がよく表れています。

草稿は全8段落からなりますが、日本では6段目の中の次のくだりが有名です。

「われわれは一貫して、日本の横暴な軍閥を敵と認識し、日本人民を敵としない。今日敵軍はすでにわれわれの盟邦が共同で打倒した。彼らには当然、厳格忠実にあらゆる投降条款《じょうかん》を執行していくが、われわれは報復する必要はない。さらに敵国の無辜《むこ》の人民に汚辱《おじょく》を加えてはならない」

この蔣介石の宣言は、焼け野原となって打ちひしがれた敗戦日本に、深い感銘を与えました。実際、中国はアジア諸国の中で、日本から事実上の戦争賠償金を受け取らなかったほとんど唯一の国です。日本軍による被害は最も甚大──中国側は死者1000万人、被害総額5000億ドルと算出している──だったにもかかわらずです。こうした背景があって、日本は中国が改革開放政策を始めた1979年以降、総額3兆6586億円にも上る対中ODA（政府開発援助）を拠出し、中国の経済発展を支援したのです。

いま改めて「蔣介石スピーチ」を読み直し、当時の状況を鑑《かんが》みると、やはり蔣介石は中国大陸の「三《み》つ巴《どもえ》状態」を強く意識していたことが推察できます。すなわち、蔣介石中華民国国民政府と日本軍の他に、毛沢東中国共産党軍が存在していたわけです。日本軍を駆逐した後も、共産党軍というソ連をバックにつけたやっかいな相手を打倒しなければ、中国統一は果たせないことから、日本に対しては甘かったのです。

終戦直後の混乱の中、毛沢東以下、共産党幹部たちが、8月28日に国民政府の本拠地が置かれていた重慶に赴《おもむ》き、30日から蔣介石・毛沢東の国共トップ会談が開かれます。いわゆる重慶会談で、パトリック・ハーレー駐華アメリカ大使が仲介役となりました。

重慶会談は延々、43日間も続きます。これだけ交渉が長引いた理由は、蔣介石が要求する共産党軍の解体と共産党の支配地域からの撤退を、毛沢東が頑《がん》として認めなかったからでした。結局、10月10日になってようやく「双十協定《そうじゅう》」を結びましたが、決めたのは「内戦回避と統一に向けた努力」でした。

毛沢東は、この呉越同舟が長続きしないことをとっくに見越していて、時間稼ぎに出ていたフシがあります。いわゆる「辺談辺打《ビエンタンビエンダー》」（会談しながら打撃する）戦略です。

天児《あまこ》慧《さとし》早大名誉教授は、新著『巨龍の胎動　毛沢東vs鄧小平』の中で、国共内戦開始の1946年6月時点での両サイドの兵力を比較しています。それによると、国民党と共産党は、兵力で3・6対1、支配面積で3・2対1、支配人口で2・5対1です。

ずいぶんと国民党が優勢ですが、別な見方をすれば、よくここまで共産党が追いついてきたとも言えます。日本が敗戦した前年8月の時点では、正確なデータは不明ですが、それまで日本軍が占領していた都市部のほとんどを、国民党が接収していったからです。

例外は旧満州国（現在の東北3省）でした。この地域は、日本の傀儡《かいらい》国家だった満州国が瓦解《がかい》した後、北方からソ連軍が侵入し、制圧していきました。1946年3月26日、ソ連軍は満州からの撤退を発表しますが、接収した大量の武器を、中国共産党軍に引き渡したのです。

## 旧満州で始まった国共内戦

ちょうどこの頃、3月5日にチャーチル前英首相がアメリカ訪問中に、「バルト海からアドリア海までヨーロッパ大陸を横切る鉄のカーテンが降ろされた」という有名な「鉄のカーテン」演説を行います。東アジアでも冷戦の靴音は日増しに強まっていき、アメリカをバックにつけた国民党軍と、ソ連をバックにつけた共産党軍の戦闘は必至の情勢でした。

実際、旧満州で国共の戦闘の火ぶたが切って落とされます。仲介役だったハーレー大使は「双十協定」に失望し、協定締結の翌月に離任。後任にジョージ・マーシャル将軍とジョン・スチュアート大使がアメリカから派遣されますが、二人は1946年8月に「国共内戦はもはや不可避」として、さじを投げてしまいます。同年6月にアメリカは、対中軍事援助法を可決し、国民党の支援に回ります。これを受けて6月26日、蔣介石総司令官は正規軍160万人に対して、共産党軍の壊滅を発令します。

内戦の開始当初は、国民党軍の方がかなり優勢でした。しかし、中国人の大半は農民であり、「農民に土地を与える」「農村から都市を包囲する」と唱えた毛沢東の農村ゲリラ戦術は、極めて有効に働きました。大地主を縛り上げて公開処刑に処したりしたため、小作農たちは拍手喝采です。後の1950年代の話になりますが、毛沢東はそうやって小作農に気前よく分け与えた土地をすべて取り上げて、公有の「人民公社」に造り換えました。

共産党はまた、国民党が支配していた都市部でも、インフレ悪化を逆手に取って、労働者階級を味方につけて共産党員を増やしていきました。そこで掲げたのは「民主社会の実現」です。これも同様に、1950年代には民主とは真逆の専制体制を築いていきます。

さらに、ソ連から学んだスパイ戦術も、中国共産党は巧みでした。国民党幹部の家族などに着々とスパイ網を浸透させ、国民党軍の動向を把握していったのです。

蔣介石総司令官は、「匪賊《ひぞく》」と呼んだ共産党軍の掃討作戦を自ら指揮する一方で、国内体制を整えます。1946年11月に共産党を含めずに国民大会を開き、中華民国憲法を翌1947年元日に公布、同年12月25日に施行します。翌1948年3月に第2回国民大会を開き、5月20日には総統就任式を南京で開きます。アメリカ大統領に見立てた総統の任期は6年（現在は4年）で、現在でも台湾では新総統就任式を5月20日に挙行しています。

この時の総統就任演説は、草稿にして約3800字ですが、20回も「民主」を唱えています。例えば、こんな具合です。

「中国が重病患者であることを、私は否定しない。さらに否定しないのは、われわれの建国の前途が非常に厳しく、民主の基礎的条件がまだまだ薄弱《はくじゃく》なことだ。しかし時代の勢いによって、われわれは民主憲政の前途の一里塚に向けて、大きな一歩を踏み出した。前方に沸き上がる波濤《はとう》が横たわっていようが、われわれは必ずや闊歩《かっぽ》前進していく」

しかし国共内戦は、蔣介石にとって悪夢の展開に進んでいきました。1946年に初めて「人民解放軍」という言葉を一部で使い始めた共産党軍（紅軍）は、農村部の困窮した若者たちを次々に入隊させ、1948年11月1日から正式に中国人民解放軍と名乗るようになります。この頃には、まさに名称の通り「中国の解放」が視野に入っていたのです。

最初の国共の決戦の舞台は、1947年7月から9月にかけて、南京の後背地にあたり、安徽《あんき》省、湖北省、河南省の省境に位置する大別山で行われました。毛沢東がこの決戦を任せたのが、第2野戦軍12万人を率いる劉伯承《りゅうはくしょう》と鄧小平《とうしょうへい》のコンビでした。二人は見事に国民党軍を打ち破り、大別山に拠点を築きます。同時期に、彭徳懐《ほうとくかい》とその部下の習仲勲《しゅうちゅうくん》（習近平主席の父親）が率いる西北軍も、陝西《せんせい》省、甘粛《かんしゅく》省、四川省などで勢力を拡大していきます。

こうした勝利を経て、毛沢東は同年末の党中央委員会で、「来年から侵攻に転じる」と宣言。国民党軍が支配する都市部への攻勢を指示します。そして1948年5月、人民解放軍の本拠地を、北京にほど近い河北省石家庄の西柏坡《せいはくは》に確保しました。そこで9月に中央政治局会議を開き、その後1949年3月まで続く「3大決戦」の戦術を練ったのです。

## 共産党が「3大決戦」に勝った

西柏坡はいまでは、「全国5大革命聖地」の一つに指定されています。特に習近平主席は強い憧憬《どうけい》を抱いていて、1982年に29歳で故郷・北京を離れなければならなくなった際、わざわざ西柏坡から目と鼻の先の河北省正定県を選んだほどです。

「3大決戦」の第1弾は、1948年9月から11月、旧満州の長春、瀋陽《しんよう》などが舞台となった「遼瀋《りょうしん》戦役」で、林彪《りんぴょう》と羅栄桓《らえいかん》率いる共産党の第4野戦軍が、国民党軍47万人を殲滅《せんめつ》。人民解放軍は300万人を超え、290万人の国民党軍を初めて凌駕《りょうが》しました。

第2弾は、11月から翌年1月にかけて、徐州を中心とした北側の山東省と南側の江蘇省が舞台となった「淮海《わいかい》戦役」です。こちらも鄧小平が指揮する第2、第3野戦軍60万人が、65日間に及ぶ激戦の末、国民党軍80万人を壊滅させました。前出の天児教授は、この戦いを「中国版・関ケ原の合戦」と名づけています。国民党の首都・南京の南側に位置する大別山に続き、北側の徐州を押さえたのですから、そう言えると思います。

第3弾は、「皇帝の都」北京（北平《ベイピン》）と、その外港である天津を舞台にした「平津《へいしん》戦役」です。1949年1月にこの両都市が、共産党軍の手に落ちました。特に北京は、国民党

## 人民解放軍進軍前の国民党・共産党勢力図

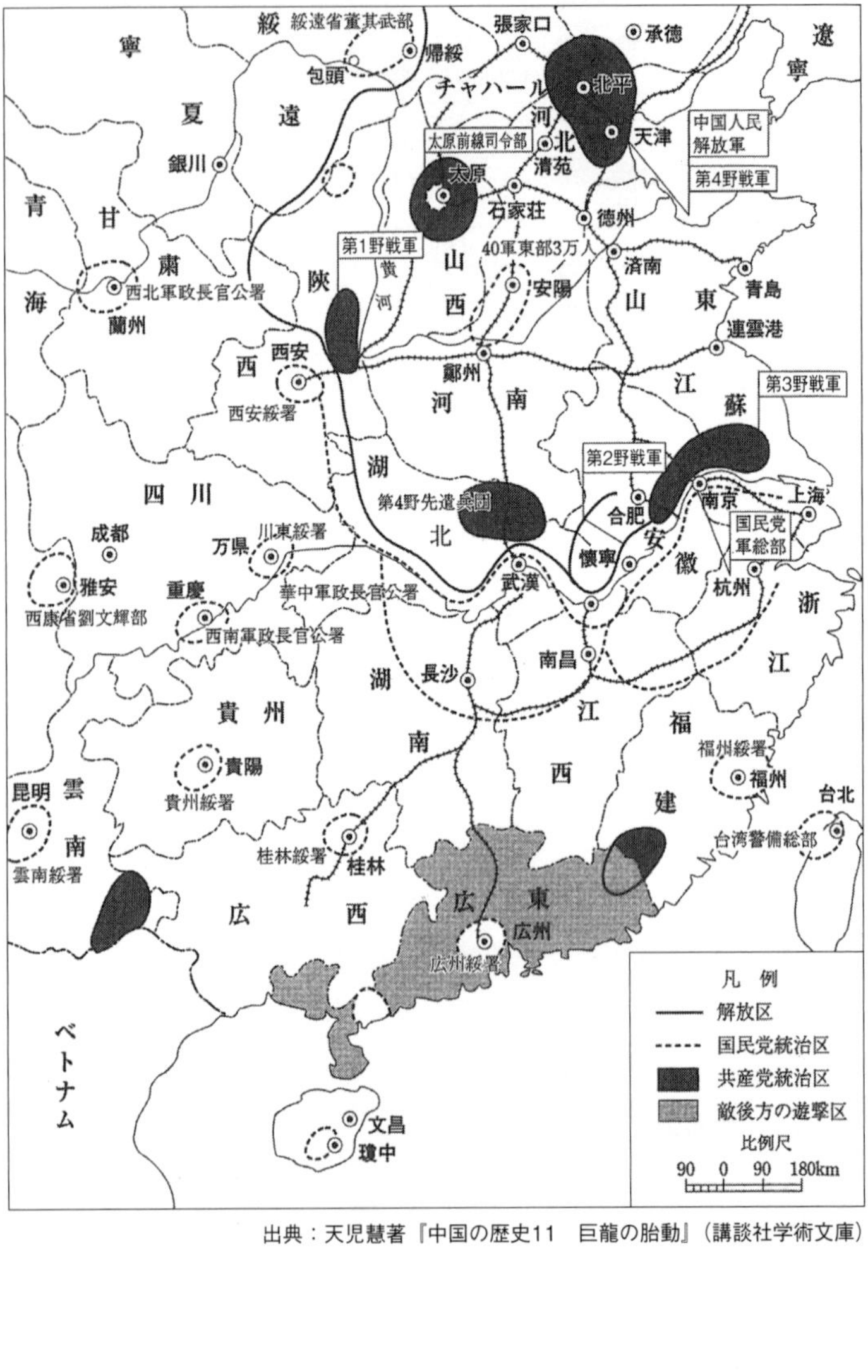


出典：天児慧著『中国の歴史11　巨龍の胎動』（講談社学術文庫）

軍幹部の家族へのスパイ工作により戦意喪失《そうしつ》に陥らせ、ほぼ無血入城となりました。

まるで2150年前の「項羽と劉邦」の戦いを再現するかのようです。蔣介石が項羽で、劉邦が毛沢東です。この二組は、性格から行動まで非常によく似ています。

毛沢東は同月、「8項目声明」を発表し、蔣介石総統以下、43人の第一級戦犯の処罰や中華民国憲法の停止、民主連合政府の樹立などを求めます。まさに「勝てば官軍、負ければ匪賊《ひぞく》」の構図です。

「新皇帝」として、西柏坡を出て北京に凱旋《がいせん》入城した毛沢東は、「4月20日をもって長江渡河《とか》作戦を開始する」と、蔣介石国民政府に最後通牒《つうちょう》を突きつけます。実際に100万人の人民解放軍が長江を渡ったのは、4月21日でした。そのまま雪崩《なだれ》を打って、23日に国民政府の首都があった南京を占領。翌5月27日に、最大都市の上海を占領しました。

9月21日から30日まで北京で中国人民政治協商会議を開き、「共同綱領」を採択。10月1日午後3時、幹部たちが天安門の楼台に上り、広場を埋め尽くした30万人の大群衆に向かって、毛沢東が建国宣言をしたのです。

「中華人民共和国の中央人民政府は本日、成立した。この政府は中華人民共和国の全国の人民を代表する唯一の合法的政府である。およそ領土主権などの項目の原則を平等、互利及び相互に尊重する外国政府との関係を順守し、この政府は外交関係を結ぶこととする」

私はこの時、天安門広場で毛沢東の建国宣言を直接聞いたという共産党の老幹部から話を聞いたことがあります。「建国に皆、ものすごく興奮したし、毛主席が一般民衆の前に姿を見せたのも初めてだった」そうです。「夕刻には毛主席らを囲んで、中南海で大宴会が催され、私も参加し和気藹々《わきあいあい》と飲み明かした」とも語っていました。

一方、「敗軍の将」（蔣介石総統）は、手勢の部下たちを引き連れて広州に落ち延び、さらに以前落ち延びていた重慶まで撤退しました。その間、国民政府ナンバー2の李宗仁《りそうじん》は、アメリカに亡命する始末です。同年秋には重慶を離れ、成都まで退却しました。

北京で毛沢東が建国を宣言すると、国民党幹部たちは続々と、成都の空港から台北へ向けて飛び立ちました。福建省と海を隔てた台湾は最後の逃避地で、1948年末から長男の蔣経国を台湾省党主任委員に任命していました。蔣経国の指示で上海中央銀行に貯めてあった金、銀、米ドル、それに南京の故宮博物院の宝物約30万点を台湾に運びました。

蔣介石は、成都で部下たちを見送った後、12月10日午後2時、最後の飛行機に息子の蔣経国とともに乗り、台北に向かいました。最初でなく最後に発つところに、律義な性格が表われています。

この時、63歳。以後、中国大陸の地に足を踏み入れることは、二度とありませんでした。

# 第4章 蔣介石vs毛沢東Ⅱ

## 1949年〜1975年

### 蔣介石は台湾を「要塞の島」にしようとした

国土が960万㎢と日本の26倍もある中国大陸を後にして、3・5万㎢と九州と同程度の島に過ぎない台湾を機上から眺めた時、蔣介石総統は何を想ったでしょうか。日記にはただ、「途中で3時間の仮眠が取れたが眠れなかった」とだけ記しています。おそらく悔しさの中で、脳裏には16文字の漢字が去来していたことでしょう。台湾でスローガンに定めた「一年準備、両年反攻、三年掃蕩《そうとう》、五年成功」。「1年で準備して、2年で反攻を開始

## 台湾と中国福建省

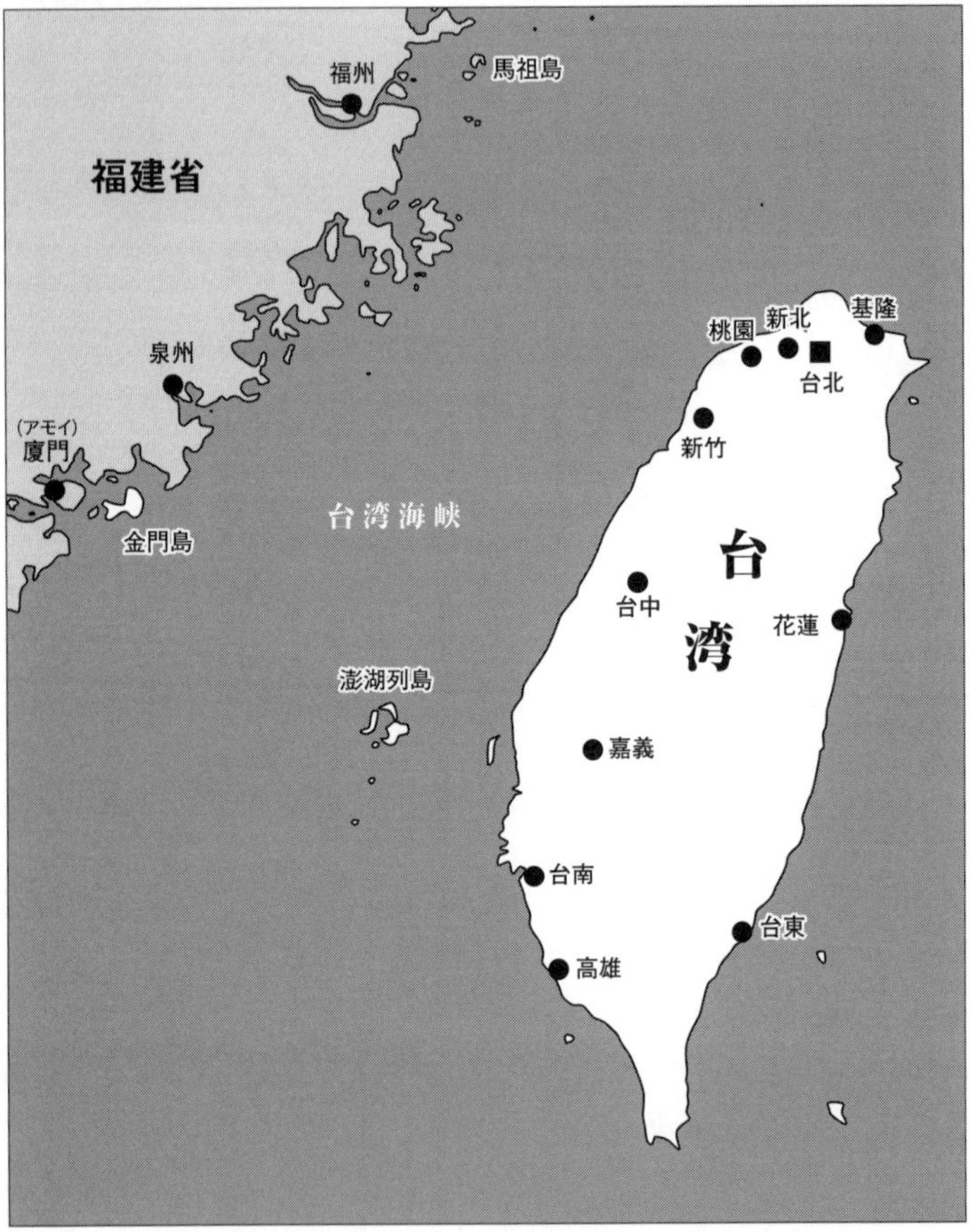
福州
馬祖島
福建省
泉州
（アモイ）
廈門
金門島
台湾海峡
澎湖列島
桃園
新北
基隆
台北
新竹
台
湾
台中
花蓮
嘉義
台南
台東
高雄

し、3年で共産党を掃討し、5年で中国大陸の奪回を成功させる」という意味です。

換言すれば、蔣介石総統は、台湾を「要塞《ようさい》の島」にしようとしたのです。5年で中国大陸を奪還する前に、まずは人民解放軍（共産党軍）の台湾侵攻を防がねばならないからです。蔣介石総統以下、中国大陸から渡ってきた「外省人《がいしょうじん》」は、約121万人いました。それ以前から台湾に住んでいた「本省人《ほんしょうじん》」は、1940年の国勢調査によれば551万人です。

前述のように、日本のほぼ江戸時代に相当する時期に台湾を支配していたのは清国でしたが、明治維新を経て、日清戦争で日本が勝利したことで、下関条約を締結。1895年から1945年まで、ちょうど50年間、日本が台湾を植民地統治しました。

1945年8月、日本が太平洋戦争に敗戦した際、台湾から引き揚げた日本人は、約50万人。代わって中国大陸から国民党が入って来て、新たな支配者となりました。人口比で言えば、中国語を話す18％の外省人が、台湾語を話す82％の本省人を支配する構図です。そのあたりのことを、台湾の高校歴史教科書『台湾の歴史』では、こう記述しています。

「戦争が終わり、エリート層を含む大部分の台湾の人々は祖国による接収や台湾の未来に期待を抱いていた。暗い植民地時代から抜け出し、より良き時代を迎えられると考えていたのだが、政府の施政は人々の期待していたものとは異なっていた。台湾を接収しに来た部隊の軍紀は乱れ、接収要員も汚職、不正行為が多く、人々を失望させた。また政府は、中国各省から来た人々を優先的に任用し、行政長官公署でも要職に就く台湾籍の人は少数だった。（中略）膨大な日本の在台資産を接収して官営企業に移し、また専売制度と貿易統制を継承して民間企業の発展を抑えるなど、台湾人資本の経済活動空間を圧縮した」

半世紀にわたった日本の植民地支配が終わり、ようやく自分たちで独立した平穏な生活が送れると思っていたのが本省人。それに対し、「5年で中国を奪い返してやる」と臥薪《がしん》嘗胆《しょうたん》の心持ちで降り立ち、目線が中国大陸を向いて、台湾を軍事要塞化しようとしていたのが外省人です。両者は始めから「水と油」でした。

そんな両者が激突したのが、1947年2月28日の「二・二八事件」でした。再び、台湾の歴史教科書から引用します。

「1947（民国36）年2月27日、専売局の捜査員が台北の大稲埕《だいとうてい》で闇煙草《やみたばこ》を取り締まり中、煙草売りの女性、林江邁《りんこうまい》を殴って負傷させ、傍《かたわ》らの民衆をも誤って傷つけ、群衆の怒りを買った。そして28日、民衆が行政長官公署へ抗議に行くと、衛兵に銃撃された。これにより、接収以来蓄積された民衆の政府への不満が爆発し、その一部は統治者層と思われる外省人を殴打している。（中略）

軍隊が基隆《きりゅう》から上陸し、直ちに武力制圧を開始した。3月末からは、一軒一軒を捜索して潜伏する容疑者を逮捕する清郷《せいきょう》も実施している。中央政府は住民への報復を厳禁したが、関係部門が勝手な処刑を行うなどで多くの死傷者が出た。死者の数は、人口学的方法に基づく行政院調査報告によれば、1万8千人から2万8千人とされる」

まさに日本植民地時代にも起きなかったような大虐殺が起きたのです。「犬（日本人）去りて豚（国民党）来たる」（狗去猪来《ゴウチュイジューライ》）という言葉が流行語になりました。この「二・二八事件」は、長くタブー視されてきましたが、48年後の１９９５年に、ようやく本省人の李《り》登輝《とうき》総統が、国家元首として国民に謝罪しました。

この大事件を受けて、国民党政権は１９４８年5月10日、「動員戡乱《かんらん》時期臨時条款《じょうかん》」を発令します。これは中華民国版の国家総動員法で、１９９１年に李登輝総統が廃止するまで続きました。この条款で何より滑稽《こっけい》なのは、国会議員が固定されてしまったことです。「中国大陸で選挙を行って選ばれた人たちが国会議員」という建前論を貫いたため、台湾で国会議員選挙ができなくなってしまったのです。そのため国会議員は事実上、終身制となり、「万年国会」「万年議員」と揶揄《やゆ》されます。

もう一つ、この条款とセットのように施行されたのが、１９４９年5月20日に敷かれた「戒厳令《かいげんれい》」です。その後、世界最長の38年間も続く戒厳令時代の幕開けでした。この時から一切の集会、結社、デモ、ストライキなどが禁止されました。それどころか親共産党と台湾独立を「反乱分子の2大悪」と見なし、逮捕していく国民党による「白色テロ」が横行しました。国民党にとっては「大陸を奪い返すまで戦時体制」という意識だったのです。

## 打ち砕かれた毛沢東の早期台湾統一の野望

一方、中国大陸では、前章で述べたように、1949年10月1日に毛沢東主席が建国を宣言し、中華人民共和国が誕生します。これは誤解が多いので強調しておきますが、中国は建国当初から、現在のような共産党一党独裁の社会主義国家だったわけではありません。それまで毛沢東を始め共産党側は、蔣介石国民政府に「民主的な国作り」を要求しつづけており、労働者や農民も含めた「広範な民主国家」を目指していたのです。

実際、建国当初の中華人民共和国は、中国共産党の他にも、8つの民主党派などが加わった連合政権でした。中央人民政府委員会は毛沢東が主席でしたが、委員の数は共産党29人に対して、非共産党27人。政務院（中央政府）も周恩来が総理に就きましたが、政務委員は共産党6人に対して、非共産党9人でした。全国の工場も商店も民営で、農民も比較的自由に農作業をしていました。全土で毛沢東の偶像崇拝化が進み、「粛清の嵐」が吹き荒れるのは、1950年代に入ってからです。

人民解放軍は国民党を台湾に追いやって中国を統一しましたが、残ったのは荒廃《こうはい》した国土でした。国家建設にどうしても必要なのが、ソ連からの援助です。それに、台湾に侵攻する空軍力と海軍力を持つためにも、ソ連からの軍事援助が不可欠でした。人民解放軍は陸軍が主体だったからです。

そこで毛沢東は建国後、すぐにシベリア鉄道に乗ってモスクワへ向かいます（12月6日～1950年2月17日）。ソ連の援助を引き出すことと、6月に大元帥に就任したスターリンの古稀《こき》（12月21日）祝いが主な目的でした。外国嫌いだった毛沢東は、生涯で2度しか海外へ出ていませんが、2度ともロシアで、この時が初の外遊でした（2度目は1957年）。

毛沢東はモスクワで、スターリン書記長に対して、一世一代のゴマを擂《す》ります。それによって、1950年2月14日に中ソ友好同盟相互援助条約の締結にこぎつけましたが、十分な成果は得られませんでした。蔣介石と1943年に結んだヤルタ協定の撤廃《てっぱい》も認められず、台湾を攻撃できるだけの海軍と空軍建設に対する軍事援助も小規模でした。

おそらくスターリンにしてみれば、ナチスドイツに懲《こ》りていただけに、ユーラシア大陸に「もう一つの大国」が出現するのを警戒したのだと思います。何せいまでもロシアと中国は、4374㎞もの陸の国境を接しているのです。

それでも毛沢東は、帰国して間もない4月、建国の勢いのあるうちに蔣介石軍を壊滅する決意を固め、「台湾解放」の指令を出します。その前段階として、同月に国民党軍が残っていた海南島を占領しました。台湾島は海南島とほぼ同面積なので「実戦訓練」です。

しかし6月25日、朝鮮民主主義人民共和国（北朝鮮）の金日成《キムイルソン》首相率いる朝鮮人民軍が、突如として38度線を突破し、朝鮮戦争が勃発。この日を境に東アジア情勢が一変します。まずトルーマン米政権の反応です。アメリカは、北朝鮮のバックにソ連と中国という「2大社会主義国」が潜《ひそ》んでいると睨《にら》んでいました。つまりヨーロッパの「鉄のカーテン」のように、アジアにも「鉄のカーテン」を敷くための共産圏の謀略と捉えたのです。

そのため、次は中国とバックのソ連による台湾攻撃が始まると考え、先回りして第7艦隊を台湾海峡に派遣します。世界最強のアメリカ海軍に海上封鎖されては、脆弱《ぜいじゃく》な人民解放軍は台湾上陸できません。こうして毛沢東の早期台湾統一の野望は打ち砕かれました。

## 東西冷戦構造の中の国民党と共産党

朝鮮戦争は、一時的に朝鮮人民軍が、釜山《プサン》一帯を除いて朝鮮半島全域を支配しますが、9月15日に国連軍（アメリカ軍）が仁川《インチョン》上陸作戦を敢行して以降、形勢が逆転します。わずか1ヵ月のうちに、今度は朝鮮人民軍の方が、中朝国境の鴨緑江《おうりょくこう》付近まで追い詰められました。金日成首相は中国に避難し、ソ連と中国に援軍を要請します。

この時、ソ連は沈黙しますが、中国は25万人の中国人民志願《しがん》（義勇）軍を朝鮮半島に派遣します。これは中国にとっては、危険な賭《か》けでした。中南海で毛沢東主席や周恩来首相以下、鳩首《きゅうしゅ》会議が開かれますが、「いまアメリカと直接戦っては、北京が広島や長崎になってしまう」と、ほぼ全員が参戦に反対します。この時点でアメリカしか保有していない原子爆弾の恐ろしさは、中国も痛感していました。

それでも中国は、毛沢東の「鶴の一声」で参戦に踏み切ったのです。「いまアメリカを抑え込まなければ、東北地方が再び他国に占領される」というのが主な理由です。過去に、日本に満州国を作られるなどしていたからです。

私は毛沢東という政治家を、個人的にあまり高く評価していませんが、畏怖《いふ》すべき点が3点あります。それは第一に、冷酷無比《れいこくむひ》な権力闘争術で、第二に冴《さ》えわたる直観力、第三は恐るべき強運の持ち主だということです。いずれも「成功する革命家」に欠かせない資質です。朝鮮戦争への参戦を決めた時も、周恩来こそ日和見でしたが、劉少奇、朱徳、林彪《りんぴょう》……と歴戦の勇士たちが全員反対したにもかかわらず、ゴーサインを出したのです。

実際、国連軍は中国人民志願軍の奇襲攻撃に圧倒され、再び38度線まで押し戻されます。中国への原爆投下を提言したダグラス・マッカーサー元帥はトルーマン大統領に解任されてしまいます。以後は38度付近で一進一退し、1953年7月に休戦協定が結ばれました。

中国は朝鮮戦争に参戦したことでアメリカの「中国上陸」を抑え込みましたが、台湾の早期統一の夢も消え去りました。私は鴨緑江で中国人民志願軍の渡河を目撃したという朝鮮労働党の元幹部に話を聞いたことがありますが、中国人民志願軍は「台湾を必ず解放する」と書かれたプラカードを掲げていたそうです。中国の意地を感じるエピソードです。

朝鮮戦争を俯瞰して考えると、漁夫の利を得たのは、日本と台湾でした。日本は、よく知られているように「朝鮮特需《とくじゅ》」が起こり、戦後の焼け野原からの復興を果たします。

同様に台湾（中華民国）もまた、悲願だったアメリカの庇護《ひご》を獲得したのです。1951年2月に、アメリカは中華民国と米華共同互助協定を結び、年間平均1億ドルもの軍事・経済援助が開始します。続いてアメリカは「中華人民共和国を承認しない」と宣言しました。こうした一連の措置は、「台湾を、日本、韓国とともに共産圏の侵攻を食い止める東アジアの不沈空母にする」というアメリカの戦略に基づいていました。

台湾も、完全に冷戦構造に取り込まれて行ったわけです。これを「追い風」に、蔣介石総統は1952年10月、第7回国民党大会を開き、中国大陸を奪還するという「大陸反抗政策」を再確認します。そして長男の蔣経国を序列2位の中央委員に据えました。

中国の南側に位置するベトナムでも、日本の敗戦後にホー・チ・ミン率いるベトナム独立同盟会が、ベトナム民主共和国の独立を宣言。旧宗主国だったフランスと全面戦争になります。第一次インドシナ戦争（1946年～1954年）です。この戦争も、ソ連と中国がベトナム民主共和国を支援し、冷戦構造に組み込まれます。1954年3月～5月に、天王山となったディエンビエンフーの戦いでベトナム民主共和国側が勝利すると、ベトナムとフランス、米英中ソがジュネーブ協定を結び、北緯17度線を挟んで停戦しました。

## アメリカが介入しない範囲での台湾攻撃

こうして中国と国境を結ぶ朝鮮半島とベトナムで、ともに平和が訪れますが、毛沢東の考えは「革命の継続」でした。第一に、中国と台湾が、朝鮮半島やインドシナ半島のように東西両陣営に固定化されるのを嫌ったためです。第二に、この二つの戦争により、西側陣営を中国の国境付近から押し出すことに成功したと捉え、これを好機として「アメリカが介入しない範囲での台湾攻撃」、すなわち「限定戦争」を起こそうと目論んだのです。この「アメリカが介入しない限定戦争」という着想は、現在の習近平政権にも通じるものがあります。

1954年7月23日、中国共産党中央委員会機関紙『人民日報』が、突如として「台湾を必ず解放する」と題した社説を掲載します。そして9月3日から、金門《きんもん》島を砲撃し、国民党軍との間で十数日間にわたる砲撃戦となります。金門島は台湾側が実効支配する島ですが、福建省アモイから2・3㎞しか離れていないため、台湾にとっては「最も危険な領土」です。

こうした中国側の攻勢を受けて、蔣介石総統は米ドワイト・アイゼンハワー政権にせっつきますが、台湾本島及び澎湖《ほうこ》諸島ではなかったため、アメリカは静観します。代わりに、同年12月に米華相互防衛条約を結びました。名前こそ「相互」となっていますが、要は台湾を日本や韓国と同様、アメリカの傘の下に入れたわけです。この軍事同盟の成立を受けて、ようやくアメリカ第7艦隊の艦艇が、浙江省の東側の沿海に向かいました。

それでも中国は、1955年1月18日～20日、初めて人民解放軍の陸海空共同部隊で、浙江省台州市の沖合に浮かぶ島、一江山島を攻撃し、占領に成功しました。現在中国は尖閣諸島占領を虎視眈々《こしたんたん》と狙っていますが、その作戦の原型がこの一江山島戦役と言えます。

アメリカ軍は同年2月8日から12日にかけて、一江山島の東南10㎞に位置する大陳列島の軍民4・3万人を、台湾に護送します。この時は、中国側は静観しました。そしてアメリカ軍が立ち去った後に、大陳列島を占領したのです。米中ともに、直接対決を避けながら、互いの主張を貫いた格好となりました。

実際、米中は朝鮮戦争で激突して以降、直接衝突を避けたいという傾向が強まりました。1958年に入ると、雲南省、貴州省、四川省などに偵察機を飛ばして「大陸反攻」の機会を窺《うかが》う蔣介石政権に対し、アメリカは「大陸反抗政策への反対」を言明しました。

こうした米中両大国の「阿吽《あうん》の呼吸」は、現在に通じるものがあります。私は同様の理由で、仮に近未来に日中が尖閣諸島を巡って激突しても、アメリカ軍は日本のために中国人民解放軍と戦ってくれないと見ています。

アメリカは「日米安全保障条約第5条を適用する」と言っていますが、尖閣諸島は台湾近くに浮かぶ無人島であり、そこに書かれている適用範囲は「日本国の施政の下にある領域」です。仮に尖閣諸島を中国側に奪われたら、施政権は中国に移るため、日米安保の適用外になるというのが、アメリカの論理なのです。日本がいくら北方領土や竹島は日本固有の領土だと主張しても、アメリカ軍が攻撃して奪還してくれないのと同様の理屈です。

## 中国人民解放軍による「金門島奪取事件」

もう一つ、興味深い歴史の実例を述べましょう。1958年8月、毛沢東主席を始め、中国共産党幹部たちは、河北省北戴河《ほくたいが》の海辺の避暑地に来ていました。毛主席は水泳が趣味だったため、毎年夏になると、北京から300㎞東に位置し、かつてイギリス人が築いた北戴河の別荘地で過ごしました。すると幹部一同ついて来て「北戴河会議」と呼ばれる非公式の重要会議を開くようになったのです。この会議は現在でも継続しています。

8月18日、その北戴河会議で台湾問題が話し合われ、毛沢東主席は台湾が実効支配している金門島砲撃の準備を決断します。5日後の23日、台湾の兪大維《ゆだいい》国防部長（国防相）が金門島に視察に入ったと伝えられます。すると毛主席が唐突《とうとつ》に、「すぐに金門島を砲撃せよ」と命じました。この指令が人民解放軍の福州軍区に下りてきて、その日のうちに対岸から大量の砲弾を、国民党軍が支配する金門島に撃ち込みます（中国側資料では1万8000発、台湾側資料では5万7500発）。金門島に空襲警報が鳴り響き、兪国防部長は負傷し、二人の副司令官（吉星文《きちせいぶん》と趙家驤《ちょうかじょう》）以下、600人以上の国民党軍人が絶命しました。

翌24日から26日まで、人民解放軍はさらに10万発もの砲弾を、金門島に撃ち込みます。それによって、金門島と台湾本島との間の国民党軍の補給路は、完全に遮断《しゃだん》されました。

蔣介石総統は金門島司令部に、島の死守を命じるとともに、アメリカに援軍を要請します。アイゼンハワー政権は、米華相互防衛条約に基づいて、艦艇69隻、戦闘機430機余りを台湾海峡に急派しました。米中のチキンレースの開始です。

この知らせを受けた毛沢東主席は「3日間、停戦せよ」と命じます。戦闘が静まったことで、蔣介石総統は救援艇を金門島に向かわせ、これをアメリカ第7艦隊が護衛します。

すると、9月4日に中国国営新華社通信が、「わが国の陸地から12カイリまでは領海・領空であり、いかなる外国船籍・航空機も許可なく侵入することを禁じる」と発表しました。金門島は12カイリ内に位置するので、入ってきたら容赦しないという警告です。

ジョン・ダレス米国務長官は同日、平和的解決を求める声明を出します。しかしアメリカ軍は、中国側の脅しをものともせず、国民党軍の艦隊を護衛しながら、12カイリの中に入っていきました。

9月7日、毛沢東主席は命じました。「明日早朝より直ちに、金門島近海の敵艦に対して砲撃を再開せよ。ただし国民党軍の軍艦だけを狙い、アメリカ艦艇を撃ってはならない」毛沢東の遠謀《えんぼう》は、アメリカ軍が本当に国民党軍を守るのかを見定めることにありました。その仕掛けの第1弾が新華社の報道で、アメリカ軍は国民党軍を防衛することを示しました。それならば第2弾として、実戦で試してみることにしたのです。

人民解放軍は、金門島に着岸しようとしていた国民党軍の艦艇『美珍号』に集中砲火を浴びせました。美珍号は周囲を護衛していた5隻のアメリカ艦艇にSOSを出します。ところがあろうことか、5隻は直ちに踵《きびす》を返し、12カイリの外側に退散してしまったのです。「島嶼《とうしょ》部で中台戦争が起こったら、アメリカ軍は台湾を守らない」――この事実を知った毛沢東主席は、「もうよい」と言って、福建軍区に攻撃を終了させました。周囲がいくら、「いまなら金門島を奪取できます」と進言しても、「金門島は敵の喉元《のどもと》に引っかかった棘《とげ》のようなものだ」と言って、これ以上の攻撃を許しませんでした。

毛沢東の真意を推し量れば、こういうことだと思います。金門島を台湾側が実効支配している限り、蔣介石総統は、金門島を取っかかりにした中国大陸占領を夢想し続けます。

毛沢東がより恐れていたのは、蔣介石が大陸統一を完全に諦《あきら》めて、台湾だけで中華民国として独立してしまうことでした。この時点では、中国は国連にも加盟しておらず、世界との国交関係ということで言えば、中華民国（台湾）の方がはるかに多かったのです。

加えて、金門島を台湾側が実効している限り、アメリカ軍が台湾を本気で防衛することはないとも判断しました。金門島がなければ、アメリカ軍が台湾本島をガチガチに固めたら、中国は永遠に台湾上陸が不可能になってしまいます。そのことは、福建省の省都・福州から40kmの距離にあり、やはり台湾側が実効支配している馬祖《ばそ》島についても同様です。

こうして、中国人民解放軍による「金門島奪取事件」は、9月15日の米中ワルシャワ大使級協議を経て収まりました。それがそのまま、いまの習近平政権に委ねられています。近未来に中国は金門島、馬祖島奪取に乗り出すでしょうか。その話は最終章で述べます。

## 1960年代は「中ソ冷戦」の時代

金門島砲撃の終結後、中台関係は小康状態を迎えます。その主な理由は、中国国内の混乱です。「混乱」というのは、中国共産党のお家芸とも言える権力闘争です。

1957年に毛沢東主席が、反右派闘争を本格化させ、自分の絶対権力を批判する約100万人に、「右派」のレッテルを貼って放逐《ほうちく》します。翌1958年には大躍進運動を展開。「15年でイギリスの鉄鋼生産に追いつく」「東風が西風を圧倒する」として、無謀な工業力増産を始めます。同時に、農村部では農民から土地を取り上げ、「人民公社」という形で集団農場化していきます。

その結果、1959年から4000万人が餓死したと言われる3年飢饉《ききん》を迎えます。同年4月、失策を問われた毛沢東は国家主席を劉少奇《りゅうしょうき》に譲らざるを得ませんでした。7月には盧山《ろざん》会議が開かれ彭徳懐国防部長が毛沢東を批判。毛沢東は土俵際に追い詰められます。

しかし、「腐っても鯛《たい》」という言葉がありますが、やはり毛沢東は権力闘争の天才です。逆に彭徳懐国防相を罷免《ひめん》してしまいました。

1960年代に入ると、毛沢東が強烈な巻き返しに出ます。その集大成が1966年からの文化大革命でした。国家主席を奪われた劉少奇をひっ捕らえ、最後は餓死させてしまいます。その手下だった鄧小平も江西省に追っ払い、5年間「牛の世話係」をさせます。毛沢東は10年にわたって中国を大混乱に陥れ、全土にまるで内戦のような嵐が吹き荒れました。1976年9月9日、82歳で死去したことで、ようやく嵐は収まったのです。

ただ、晩年の毛沢東外交は見事でした。蔣介石の「大陸反攻」の夢想を完全に封じ込めることに成功したからです。その背景にあったのは、中ソの離反と米中の接近です。

1953年3月5日、世界の社会主義圏に君臨したスターリン書記長が74歳で急死します。スターリンは、毛沢東が頭が上がらなかった世界で唯一の指導者でした。スターリンは終生、毛沢東を「格下」扱いしていました。

その一方で、毛沢東の政治手腕は評価していました。それは同じ農村出身の叩き上げであり、激しい権力闘争を勝ち抜いてトップに上り詰めた毛沢東に、親近感を抱いていたからと思われます。毛沢東もまた、スターリンには1949年末から翌年年初にかけての訪ソで接見しただけですが、その冷酷無比な権力掌握術を畏怖《いふ》していました。

スターリン亡き後、ソ連共産党で権力を掌握したのは、スターリンとはまったくタイプが異なる、エリート理想主義者のニキータ・フルシチョフでした。1956年2月に開催された第20回ソ連共産党大会で、フルシチョフ第一書記はスターリン批判を展開します。これに「中国版スターリン」とも言うべき毛沢東は、大いに動揺したのです。

翌1957年10月、毛沢東はモスクワで開かれたロシア革命40周年記念式典に出席し、フルシチョフとの対面を果たします。この時、毛沢東はモスクワ大学で講演し、「東風は西風を圧倒する」と強調。スターリン時代と同様に、中ソ一体となって欧米西側勢力に対抗していこうと呼びかけます。

ところがフルシチョフが進めたのは、毛沢東の意思とは真逆の欧米西側勢力との平和協調路線でした。フルシチョフは翌1958年7月に訪中した際、毛沢東が国内で進めていた大躍進運動と、台湾武力統一計画に異議を唱えます。続いて1959年9月には、ソ連のトップとして初訪米を果たし、アイゼンハワー大統領と軍縮の取り決めを行います。

その翌月、2度目の訪中をした際には、毛沢東を「世界平和を乱す危険分子」とみなし、核技術供与を拒否。同年12月に、ソ連の先端技術を中国に供与する中ソ技術協定を一方的に破棄して、翌年7月から8月にかけて、中国に滞在していたソ連技術者を、全員帰国させてしまいました。ここから毛沢東は、「中国独自路線」を歩んでいくことになります。

結果的に独自路線は、中国外交に新境地を開きました。逆にソ連国内が、急進的なフルシチョフの改革路線についていけなくなり、1964年10月にフルシチョフ第一書記は解任されてしまいます。1960年代は、まさに中ソ冷戦の時代でした。1969年3月には、ついに中ロ国境で大規模な武力衝突が起こります。ウスリー江（烏蘇里江《うそり》）のダマンスキー島（珍宝島《ちんほう》）で起こった珍宝島事件です。

そうした中、毛沢東が進めたのが、「両弾一星《りょうだんいっせい》」という政策でした。原子爆弾、大陸間弾道弾（ICBM）、人工衛星を独自に開発し、保有するというものです。

1953年に朝鮮戦争が休戦した後、アメリカ人捕虜《ほりょ》の返還交渉の中で、中国側はアメリカに、捕虜を返還する代わりに、一人の在米中国人を中国に帰還させるよう求めます。

こうして1955年に中国に帰国したのが、銭学森《せんがくしん》（1911年～2009年）でした。

銭は、浙江省杭州出身の科学者ですが、若くして渡米し、太平洋戦争中に極秘原爆製造計画「マンハッタン計画」に参加。戦後はＮＡＳＡ（アメリカ航空宇宙局）のロケット部門創設を主導しました。

銭は中国に帰国後、「両弾一星」政策の責任者になります。そして１９６４年に原爆実験を成功させたのを皮切りに、１９６７年に水爆実験を行い、１９７０年に人工衛星「東方紅1号」を打ち上げ、１９７１年に大陸間弾道弾「東風5号」の発射実験をします。こうして「両弾一星」を成功させたことで、台湾側からの大陸侵攻は不可能になったのです。

２００９年10月に、銭学森が97歳で大往生を遂げた時、私は北京に住んでいましたが、中国メディアは数日間、銭学森の偉業を称える報道一色となりました。中でも、台湾からの攻撃を不可能にしたことと、米ソ２大国に対抗できる軍事科学技術を身につける基礎を作ったことがポイントでした。「銭を帰国させなければ中国の軍事技術は10年遅れた」とアメリカは悔しがりましたが、後の祭りというものです。

## ニクソン&キッシンジャーは最高の「気の合う相手」

１９６９年1月、アメリカに共和党のリチャード・ニクソン政権が誕生しました。ニクソン大統領は安保担当補佐官に、ハーバード大学教授のヘンリー・キッシンジャー博士を起用。このコンビは以後3年あまりで、中国と台湾の関係を根本から変えてしまいました。

アメリカ側の狙いは、ぐらついてきた自国の世界覇権を維持することにありました。そのために中国を活用することは、主に3つのメリットがあると考えたのです。

第一に、中ソ対立が激化していく中で、この社会主義の2大国をアメリカが個別に懐柔《かいじゅう》することで、どちらも抑え込んでしまおうとしました。第二に、泥沼化していくベトナム戦争を終結させるには、北ベトナムを支える中国の協力が不可欠でした。第三に、アメリカ建国以来の伝統的な対中ビジネスを復活させたかった。それには、文化大革命で中国が混乱に陥っているいまこそ、中国がアメリカの呼びかけに応じてくる好機と見たのです。

対する中国も、1966年に始まった文化大革命の嵐によって、経済は破綻していました。加えて、中ソ戦争という核兵器を保有する社会主義国同士の全面戦争のリスクも起こっていました。そんな中で、アメリカからの関係改善のシグナルは、渡りに船でした。

毛沢東の基本的な人生観、国家観は、「洋の東西を問わず、人間（及びその集団である国家）とは、自己の利益拡大のため権力闘争（戦争）を不断に行う存在である」というものです。資本主義とか社会主義とかいう形式的なことよりも、人間というのはそうした「欲深い動物」であり、その集団が国家なのだから国家も同様だという認識が、根底にあります。

そのような観点で世界を捉えるため、外国の指導者とも、気が合う、合わないが如実に出ます。その点、ニクソンとキッシンジャーのコンビは、毛沢東にとってこれ以上ない「気の合う相手」だったのです。日本の田中角栄首相と大平正芳外相のコンビも同様です。

この劇的な大国外交の流れ、そして台湾にとっての悪夢は、ピンポン外交から始まりました。1971年3月28日から4月7日まで、名古屋で第31回世界卓球選手権が開かれ、中国が6年ぶりに参加しました。この時に尽力したのが、当時「日本卓球界のドン」と言われた後藤鉀二《こうじ》日本卓球協会会長（アジア卓球協会会長、愛知工業大学学長）です。

後藤は、自分の地元に誘致した世界選手権に中国代表団を招くため、中華民国（台湾）をアジア卓球協会から除名することまで画策しますが、ともかく中国代表団は参加します。そして、選手権終了後の4月10日、何とアメリカ代表団は帰国せずに訪中したのです。

これは1949年の新中国建国以降、中国側が初めて正式に受け入れたアメリカ代表団でした。この時の卓球外交を通じて、同年7月のキッシンジャー補佐官の極秘訪中を決めます。キッシンジャーはベトナム、タイ、インド、パキスタン歴訪の旅に出て、7月9日朝、パキスタン大統領の専用機に乗って、極秘に北京に向かいました。北京空港では葉剣《ようけん》英《えい》軍事委員会副主席が出迎えます。そして二日間ぶっ通しで周恩来首相と会談したのです。

最大の焦点は、台湾とベトナムの問題でした。中国側の要求は明快で、アメリカの「一つの中国」の承認と、その根拠として、台湾との断交と中華人民共和国との国交樹立、アメリカ軍の台湾からの即時撤退です。ベトナム戦争についても即時撤退を要求しました。

これに対し、キッシンジャーはベトナムと台湾をリンクさせ、ベトナム戦争終結後に台湾からアメリカ軍を撤退させること、米中の国交正常化交渉を開始すること、そして何より翌1972年年初のニクソン大統領訪中を約束します。

こうして成果を手にしたキッシンジャー補佐官は、パリを経由して7月13日に帰国。2日後の15日午後9時から、ニクソン大統領はテレビ演説に臨み、「来年5月までに中国を訪問する」と電撃発表します。世界中が驚愕《きょうがく》した「ニクソン・ショック」でした。

特に驚いたのが、日本と台湾でした。日本へはテレビ発表の直前になって、牛場信彦《うしば》駐米大使に伝えられました。牛場大使は直ちに外務省に報告し、外務省幹部が官邸に駆けつけますが、あいにく閣議中で、佐藤栄作首相が知ったのはテレビ演説の数分前でした。

そもそも、国際的に日本が「独立」した1951年のサンフランシスコ講和条約の前に、ジョン・フォスター・ダレス米特使が来日し、嫌がる吉田茂首相に、「中華民国（台湾）との平和条約締結」を強要したのです。アメリカはそこまで日本の対中政策を縛《しば》っておきながら、20年後に自ら先に「抜け駆け」したわけです。アメリカは、自国の国益に関わる問題の場合、同盟国である日本の立場など、歯牙《しが》にもかけないことが分かります。ちなみにキッシンジャーは周恩来との会談で、日本の悪口で盛り上がっています。

## 中華民国が国連から脱退、中華人民共和国が加盟

この時期、中台を巡るもう一つの大きな動きがありました。それは中国の国連加盟です。1945年10月、第二次世界大戦後の国際秩序を構築するため、覇権国となったアメリカ主導で、ニューヨークに国際連合が誕生します。この時「戦勝5大国」として、アメリカ、イギリス、フランス、ソ連、中華民国が、安全保障理事会の常任理事国になります。その後、1949年に中華人民共和国が建国され、中国国内での「主客」が逆転します。それに伴い、中華民国に代わって中華人民共和国を国連に加盟させる決議案が、毎年の総会で提出されますが、否決され続けます。この決議案は、親中国であるアルバニアが提出するので「アルバニア決議案」と呼ばれました。それでも、1950年代から1960年代にかけて、中華民国と断交して中華人民共和国と国交を樹立する国が増えていきました。

1970年11月の第25回国連総会で、アルバニア決議案は賛成51ヵ国、反対49ヵ国、棄権25ヵ国、欠席2ヵ国とついに逆転します。しかし同時に投票された「重要問題決議案」(IQ)が、賛成66ヵ国、反対52ヵ国、棄権7ヵ国、欠席2ヵ国で議決したため、中国の加盟は成立しませんでした。重要問題決議案が通ると、過半数でなく3分の2の賛成票が必要になるのです。

ところが翌1971年は、前述のようにニクソン大統領が訪中を発表しており、状況が

一変しました。アメリカは「中華人民共和国が加盟し、かつ常任理事国入りし、中華民国は常任理事国から外れるが、国連加盟国であり続ける」という新提案を発表しました。しかし北京は、「『2つの中国』はあり得ない」として、「中華人民共和国が国連に加盟する条件は、中華民国の国連脱退」として聞き入れません。

そんな中で、「中台闘争」がそのまま第26回国連総会に持ち込まれる格好で、同年10月25日に採決となりました。結果は、賛成76ヵ国、反対35ヵ国、棄権17ヵ国、欠席3ヵ国で、賛成が反対の2倍を超えたため、重要問題決議案にかかわらず、中華人民共和国の国連加盟が了承されたのです。この時もキッシンジャー補佐官は、2回目の訪中のさなかでした。

この決議を受けて、蔣介石総統は、中華民国の国連代表団に、「除名」を待たず直ちに撤退するよう命じます。権謀術数を好まない蔣介石の軍人気質が表れた決断でした。こうして中華民国は国連から脱退し、中華人民共和国が新たに加盟。しかも中華民国が持っていた安全保障理事会の常任理事国の地位も手にしたのでした。

年が明けて1972年2月21日、ニクソン大統領夫妻が北京空港に降り立ちました。周恩来首相が駆け寄り、がっちりと握手。その模様がテレビを通じて全世界に流れました。ニクソン大統領は、カラーテレビ時代の国際政治の演出を熱心に研究した政治家でした。

ニクソン大統領が乗ったリムジンが向かった先は、最高幹部の職住地である中南海。待ち受けた毛沢東主席は、満面の笑みを浮かべて言い放ちました。

「今日の会談を、蔣介石大元帥は認めたがらないでしょう」

この日の晩餐会もテレビ中継されました。翌日からニクソン大統領と周恩来首相との間で連日、米中首脳会談が開かれ、上海に場所を移した2月28日、訪問最終日に「上海コミュニケ」を発表。その核心部分、すなわち台湾の扱いに関する部分はこう書かれています。

〈中国側は、台湾問題は中国とアメリカとの間の関係正常化を阻害している要《かなめ》の問題であり、中華人民共和国政府は中国の唯一の合法政府であり、台湾は中国の一省であり、以前から祖国に返還されており、台湾解放は、他のいかなる国も干渉の権利を有しない中国の国内問題であり、アメリカのすべての軍隊及び軍事施設は台湾から撤退ないし撤去されなければならないという立場を再確認した。中国政府は、「一つの中国、一つの台湾」、「一つの中国、二つの政府」、「二つの中国」及び「台湾独立」を作り上げることを目的とし、あるいは「台湾の地位は未確定である」と唱えるいかなる活動にも断固として反対する。

アメリカは、台湾海峡の両側のすべての中国人が、中国はただ一つであり、台湾は中国の一部分であると主張していることを認識している。アメリカ政府は、この立場に異論をとなえない。アメリカ政府は、中国人自らによる台湾問題の平和的解決についてのアメリカ政府の関心を再確認する。このような展望を念頭におき、アメリカ政府は、台湾からすべてのアメリカ軍隊と軍事施設を撤退ないし撤去するという最終目標を確認する。当面、アメリカ政府は、この地域の緊張が緩和するにしたがい、台湾のアメリカ軍隊と軍事施設を漸進的に減少させるであろう〉

米中は以後も台湾問題で紆余曲折を経て、１９７９年元日に国交正常化を果たしました。

## 日本も中華民国（台湾）と断交

こうしたアメリカの動きに触発されるように、日中も急接近していきます。歴史的なニクソン大統領訪中から4ヵ月余り過ぎた7月7日、それまで7年8ヵ月にわたる長期政権を続けてきた佐藤首相が退任し、激しい自民党総裁選の末に田中角栄内閣が発足しました。田中首相は、大平外相と組んで直ちに日中国交正常化を目指し、9月25日に訪中。やはり北京空港で周恩来首相の出迎えを受けます。そして29日に日中共同声明を発表し、アメリカより早く中国との国交正常化を果たしました。日中共同声明の核心部分は以下です。

〈日本国政府は、中華人民共和国政府が中国の唯一の合法政府であることを承認する。中華人民共和国政府は、台湾が中華人民共和国の領土の不可分の一部であることを重ねて表明する。日本国政府は、この中華人民共和国政府の立場を十分理解し、尊重し、ポツダム宣言第八項に基づく立場を堅持する〉

こうして日本は即日、中華民国（台湾）と断交したのです。

国連に裏切られ、アメリカに裏切られ、日本に裏切られ……。蒋介石総統の晩年は、憐《あわ》れでした。１９７２年3月21日、5期目の総統選挙に「得票率１００％」で再選を果たしますが、7月に心臓発作で倒れます。アメリカは、せめてもの償《つぐな》いと思ったのか、心臓手術の医師団を台湾に派遣。一命はとりとめたものの、以後は長子・蒋経国が、事実上の総統代行を務めました。

蒋介石総統は、「中国統一」の夢を果たせぬまま、１９７５年4月5日に87歳で永眠。遺体は台北の国父記念館に安置され、１０００万人近い台湾人が弔問に訪れました。

発表された「国民向け遺言」は、「三民主義を実践し、大陸国土を光復《こうふく》させ、民族文化を復興させ、民主陣容を堅守せよ」。しかし、それから13年続く蒋経国時代に、台湾は中国との関係を、大きく変えていくことになります。

# Ⅱ

# 台湾VS中国
## ——三党の権謀術数

蒋経国

鄧小平

李登輝

江沢民

陳水扁

胡錦濤

馬英久

習近平

蔡英文

# 第5章 蔣経国VS鄧小平 1975年～1988年

## 2代目・蔣経国への政権移行

中華民国（台湾）では、蔣介石総統の死去後、速やかに長男の蔣経国《しょうけいこく》が実権を掌握しました。翌朝、子飼いの厳家淦《げんかかん》副総統を新総統に据《す》えます。そして蔣介石が長年就いていた国民党総裁は「永久欠番」扱いとし、自らは新たに設けた主席に就きます。さらに「最大のライバル」蔣介石夫人の宋美齢《そうびれい》を、アメリカに追いやってしまいました。その上で1978年5月20日、厳総統が「残りの任期」を終えたところで自ら総統に就いたのです。

そこには混乱も権力闘争もなく、極めてスムーズな政権の移行でした。それは、1949年に国民党本部が台湾に移転してきて以降、蔣介石総統が長い時間をかけて、党・軍・特務機関などの中枢の権限を、長男の経国に委譲《いじょう》してきたからです。

蔣経国時代に入ると、台湾を覆《おお》っていた重々しい雰囲気は、次第に弱まっていきました。それは、中国大陸を再統一するという蔣介石総統の「呪縛《じゅばく》」から、台湾が「解放」されつつあったためでした。会社にたとえるなら、無謀な売り上げ目標を掲げ続けた創業者が死去して、息子が2代目社長に就いたようなものです。2代目社長としたら、父親の遺訓は否定できないけれども、横に置いて、まずは何とか会社を維持しようとするでしょう。蔣経国も同様で、力点を置いたのは、「大陸への攻め」ではなく「台湾の守り」でした。

蔣経国は前述のように、1910年4月27日（旧暦3月18日）、浙江省寧波府奉化県渓口《けいこう》鎮《ちん》で、蔣介石と故郷の最初の妻・毛福梅との間の長男として生まれました。中国全土で清朝滅亡につながる辛亥《しんがい》革命が吹き荒れる前年のことで、出生時、蔣介石は東京にいました。

その後、1921年に蔣介石は毛福梅と離婚し、経国を上海に連れて来て教育します。しかし経国は労働運動に目覚め、中学校を退学させられます。それで北京に移されますが、北京でもデモ活動に参加して拘束されます。さらに1925年、15歳の時に、モスクワのコミンテルンが中国の共産党指導者養成のため中山大学（中国労働者孫逸山《そんいつさん》大学）を創設したことで、興味を持って留学に行きました。周恩来や鄧小平らとはソ連で知り合っています。そして共産党殲滅《せんめつ》に奔走する父親と絶縁し、ソ連共産党の党員候補となったのです。

実際には「スターリンの人質」のような存在でした。1935年3月、ウラル重機械工場で工員をさせられている時、孤児で旋盤工のファーニーナ・ヴァフレヴァ（中国名は蔣《しょう》方良《ほうりょう》）という6歳年下のロシア人と結婚します。同年末には長男・蔣孝文《しょうこうぶん》が生まれました。

翌1936年12月に西安事件が起き、中国情勢が一変。西安に軟禁された蔣介石は、中国共産党とそのバックにいるコミンテルンに対し、第二次国共合作に応じる条件の一つとして、息子の帰国を要求します。

こうして、蔣経国は12年ぶりの帰国を許されました。すでに共産党や社会主義に対する「幻想」は完全に解けており、帰国後は父親の補佐役として、着実にキャリアを積んでいきました。1946年からの内戦期には、上海経済督導員（指導監督員）として経済改革を担当します。国民党軍が敗色濃厚になった1948年12月、国民党台湾党部主任として台湾に派遣され、上海にある国民党の資産を極秘裏に台湾に移送する責任者を務めました。

1949年に国民党が台湾に「下野《げや》」して以降は、表舞台には蔣介石が立ち、舞台裏は蔣経国が仕切るという「二人三脚体制」になりました。政治行動委員会秘書長、国防部政治部主任として、計24の特務機関などの組織を掌握。12年に及んだ共産党抑圧下のソ連生活で、特務機関の事情に通じ、また労働の現場にいたことで大衆性を身に着けていました。この二つの能力を台湾で活かしたのです。蒋経国は1972年に行政院長（首相）になり、事実上、老齢の父親から党・政府・軍の統帥権を禅譲された格好となります。

私生活では、質素な生活を続けました。ただ、蒋介石の後妻の宋美齢とは、ソリが合いませんでした。アメリカ育ちの宋美齢とロシア仕込みの蒋経国は、何かにつけて対立しました。また6歳年下の弟（蒋介石の養子）の蒋緯国《しょういこく》との関係も、ぎくしゃくしていました。

## 台湾の経済発展と優秀な若手本省人の登用

蒋経国総統は、生涯にわたって台湾を「大陸反攻の前線基地」と捉えていた父親とは、異なるスタンスを持っていました。前章で述べたように、1971年から翌年にかけて、国連、アメリカ、日本という台湾が頼ってきた「3本の柱」が、立て続けに中国側に奪われました。もはや「中国の再統一」など不可能であることは一目瞭然でした。

そこで蒋経国総統は、「攻め」から「守り」に転じたわけですが、具体的には主に2つのことに重点を置きました。それは台湾の経済発展と、優秀な若手本省人の登用です。

経済発展に関しては、1960年から1979年まで、年平均の実質GDP成長率が9・7％という「台湾の奇跡」を実現させました。隣国・日本の高度経済成長に歩調を合わせ、日本から機械などを買って安い製品をアメリカに売るという「貿易トライアングル」を確立。１９６６年までは日本が最大の輸出先で、翌年以降はアメリカを最大の輸出先にして成長しました。１９７１年からは貿易黒字に転じ、着々と外貨を備蓄していきます。

行政院長になった翌年の１９７３年には、「９大プロジェクト」を立ち上げました。これは南北高速道路の建設、西部縦貫鉄道の電化、北回り鉄道の敷設、桃園《とうえん》国際空港の建設、台中港の築港、蘇澳《そおう》港の拡張、中国鉄鋼の創設、中国造船の創設、石油化学プラントの建設ですが、後に発電所建設が加わり、「10大プロジェクト」となりました。

この時期、中国大陸は、大躍進運動の失敗による3年飢饉《ききん》や文化大革命などで大混乱に陥り、海外への脱出者が相次いでいました。中朝国境では、北朝鮮に亡命する中国人が出た時代です。政治的には中国共産党が勝利者でも、経済的には中国国民党（台湾）が中国大陸を圧倒していたのです。

蔣経国が取ったもう一つの重点政策が、優秀な若手本省人《ほんしょう》を登用することでした。権力機構は外省人《がいしょう》で固めるという父親の時代の悪弊《あくへい》を排《はい》したのです。抜擢を受けた代表格が、蔣経国亡き後に総統になる李登輝《りとうき》でした。

李登輝については後述しますが、登用の経緯は興味深いものがあります。１９７０年４月24日、蔣経国は5回目の訪米の際、ニューヨークのプラザホテルで狙撃《そげき》され、暗殺未遂に遭《あ》います。犯人グループは在米の台湾独立派グループでした。洗い出しを進めたところ、主犯格の黄文雄《こうぶんゆう》は、李登輝が農業経済学の博士号取得のためコーネル大学に留学中（1965年〜1968年）、李登輝宅に入り浸っていたことが判明します。それで犯行に関わっていると疑われた李登輝は、台北で特務機関にひっ捕らえられます。

この時、台湾大学時代の恩師だった徐慶鐘《じょけいしょう》内政部長（内務相）が救出に動き、無実が理解されて釈放されました。翌1971年8月、その徐部長の紹介で、李登輝は蔣経国に農業問題をレクチャーして、称賛されます。そして国民党への入党を求められ、翌1972年に行政院政務委員（大臣級）に就任。この時、それまで3人だった本省人の政務委員を7人に増やしました。李登輝は以後、1978年に台北市長、1981年に台湾省政府主席、1984年に副総統と、「蔣経国最側近」として確固とした地位を築いていくのです。

蔣経国行政院長は、厳めしい父・蔣介石総統のイメージを払拭しようと、週末になると、ラフな格好で、街中の雑踏に入って行き、「庶民派」をアピールしました。こうしたパフォーマンスは、父親が常に中国大陸を向いていたのに対し、自分は「台湾」を見ているのだというイメージを台湾人に与える目的もありました。

蔣経国総統が主導した「台湾を見つめ直す作業」は、やがて台湾人の中に、台湾ナショナリズムの火をつけていきます。その炎は、国民党の一党支配体制からの脱却に向かいました。いわゆる「党外運動」です。

## 中華民国が「中国の再統一を放棄する」状況に

１９７９年元日、ついにアメリカが台湾と断交し、中国との国交正常化を果たします。台湾は最大の後ろ盾《だて》を失い、国民党政権の威厳は地に堕《お》ちていきました。

そんな雰囲気の中、同年8月に、台北で月刊誌『美麗島《びれいとう》』が創刊されます。発行人は、１９６９年の立法委員（国会議員）補欠選挙で、非国民党員として当選を果たした黄信介。編集長は、１９７３年に台湾省議会議員に当選したものの、国民党を批判して党籍を剝奪《はくだつ》され、その後も桃園県長選挙に出馬して物議を醸《かも》した許信良です。

『美麗島』関係者たちは、同年12月10日の世界人権デーに合わせて、南部の副都・高雄で大規模デモを計画します。戒厳令下の台湾で、デモは厳禁です。蔣経国政権は直ちに、関係者全員を逮捕し、中核メンバー8人を軍事法廷に、残り33人を一般法廷で起訴しました。彼らを獄中で拷問にかけたどころか、軍事法廷被告の林義雄《りんぎゆう》台湾省議会議員の自宅を「白色テロ」が襲い、母親と双子の娘を斬殺《ざんさつ》しました。

この一連の出来事が、１９４７年の「二・二八事件」と並び、台湾現代史の汚点となっている美麗島事件です。アメリカ議会でも人権問題として取り上げられたほどで、アメリカの「外圧」によって、「二・二八事件」のような大規模な悲劇は免れました。

この美麗島事件の後、1980年代に入ると、「党外運動」はさらに活発化していきます。1980年12月に行われた中央民意代表機構（戒厳令中の国会）の増加定員選挙に、美麗島事件の関係者たちが、まるで弔《とむら》い合戦のように立候補し、当選していきます。1981年の地方選挙でも、美麗島事件の弁護団――後に台湾総統になる陳水扁《ちんすいへん》、行政院長になる謝長廷《しゃちょうてい》、蘇貞昌《そていしょう》らが当選を果たしました。

1986年2月、台湾の南の隣国フィリピンで、民衆の革命が起こり、20年間独裁者として君臨したフェルディナンド・マルコス大統領が亡命を余儀なくされます。この革命の影響を受けた135人の「党外活動家」たちは、同年9月28日、台北市北郊の圓山《えんざん》大飯店に結集し、民主進歩党（民進党）の結党を宣言します。

民進党は後に、「台湾住民の自決を通して、主権が独立し、自主的な台湾共和国の建設を目指す」と明記した党綱領を掲げるようになります。いわゆる台湾独立綱領で、中国側の「一つの中国」に対する明確な挑戦であると同時に、やはり「一つの中国（中華民国）」を掲げる国民党政権への挑戦でもありました。

そもそも戒厳令下の台湾において、国民党以外の新党を結成すること自体が御法度《ごはっと》です。しかしこの頃、重度の糖尿病に冒されていた蔣経国総統には、増殖していく「党外運動」

を取り締まる余力は残っていませんでした。それで民進党の結党は黙認されたのです。

そればかりか、翌1987年7月15日には、38年間も続けてきた世界最長の戒厳令を解除しました。中華民国が「中国の再統一を放棄する」と内外に宣布したようなものでした。

そして解除から12日後の7月27日、台湾の地方長老12人を総統府に招待した席で、蒋経国総統は、自身の生涯で最も有名なスピーチをします。

「私は台湾に暮らして40年になり、もうすでに台湾人だ。もちろん、中国人でもあるが」

総統自らの「台湾人宣言」でした。この発言は反響を呼び、「偉大な父親との決別宣言」と言われました。蒋経国総統は翌1988年1月13日、官邸で大量の吐血をし、77年の生涯を閉じました。最後に行った仕事は、元日の「報禁解除《ほうきんかいじょ》」（メディア自由化）でした。

## 「2代目の最高指導者」鄧小平の登場

ここからは、中国大陸の方に目を向けます。1976年9月に毛沢東主席が死去した後、紆余曲折《うよきょくせつ》を経て実権を掌握したのは、毛沢東より11歳若い鄧小平《とうしょうへい》（1904年~1997年）でした。鄧小平は1978年12月に開いた「3中全会」（中国共産党第11期中央委員会第3回全体会議）で「改革開放」を掲げ、その後の中国経済発展のレールを敷きます。

現在の習近平政権の幹部たちは、大別して2種類のグループに分かれます。一方は「建国の父」毛沢東の崇拝者で、代表格は党内序列トップの習近平総書記です。もう一方は「改革開放の総設計師」鄧小平を尊敬する人たちで、代表格は序列2位の李克強《りこくきょう》首相です。

私見を述べれば、「革命家」毛沢東の役割は、蔣介石国民党との国共内戦に勝利し、1949年10月に中華人民共和国を建国した時点で終わったと見ています。建国から死去までの27年は、むしろ中国に災厄《さいやく》をもたらしました。「革命家」が建国した後は、本来なら「建設者」が国を率いていくべきなのに、「革命家」がそのまま革命を継続してしまったところに、「中国の悲劇」があるわけです。そのため、前出のユン・チアンのように、「毛沢東は20世紀最大の殺人者」と断罪する人々もいます。反右派闘争、3年飢饉、文化大革命などで、約1億人もの中国人を死に追いやったというのです。

中国はようやく1978年の年末になって、「建設者」鄧小平の手に委ねられました。「2代目の最高指導者」鄧小平もまた、蔣経国と同様、「創業者」とは異なる台湾観を持っていました。それは「一国二制度による平和統一」という考え方です。鄧小平がこの考えに至った背景には、かつてモスクワ留学時代に蔣経国と親友だったことがありました。

鄧小平は1904年に、四川省の裕福な家庭に生まれました。「暗い少年時代」を過ごした毛沢東とは対照的です。第一次世界大戦終結直後の1919年、フランスが始めた勤《きん》工倹学《こうけんがく》プログラムに参加します。最年少の16歳で、フランスまで100日間の船旅は船底生活。そして1920年から25年まで、フランスで最低賃金で働いたのです。その中で共産党活動に目覚めますが、裏方のガリ版切りばかりやっていたため、「ガリ版博士」と呼ばれました。あるフランス外交官から聞いた話では、フランスで初めて麻婆豆腐など四川料理を作って儲《もう》けたそうです。

その後、パリのルノー自動車工場でデモを扇動して当局に追われ、1926年1月にソ連に逃亡します。そしてモスクワで、中山大学の一期生になりました。この時の同級生が、蔣経国だったのです。正確に言うと、蔣経国が中山大学にやって来たのは1925年10月でしたが、その3ヵ月後に来た鄧小平は、フランスで経験豊富かつ6歳年上だったため、蔣介石が属していた共産主義青年団小グループのグループ長になりました。

最初に会った頃、蔣経国が鄧小平に、「なぜどんな時でもマフラーをしているんですか?」と聞いたら、鄧小平が「これがパリ仕込みさ」と答え、それから親密になったと言います。ともに背が低く、賢かった二人は意気投合し、親友になります。

1926年から1927年にかけて、二人はいつも一緒にいたと言います。それが20年後に、片や毛沢東主席が最も頼りにする将官として、片や蔣介石総統の片腕として、中国大陸で激しい内戦を繰り広げるのですから、歴史とは理不尽なものです。

さらにその内戦から30年を経て、互いに中国大陸と台湾で最高実力者になったのです。

両者ともに、上の世代のように戦争を起こす気はありませんでした。特に鄧小平は、気心の知れた蔣経国の目の黒いうちに、何としても平和的に統一を果たそうと考えたのです。

鄧小平は、前述のように1978年12月の「3中全会」で「改革開放」を決議すると、翌1979年元日、アメリカとの国交正常化を果たしました。1972年2月のニクソン大統領訪中から、約7年もかかってしまった最大の理由は、台湾の扱いについて揉《も》めたからです。他にも、米中両国の政治の目まぐるしい変転がありました。

中国側の主張は、「廃約《はいやく》・撤軍《てつぐん》・断交」という6文字に集約されていました。すなわち、アメリカと中華民国（台湾）が結んだすべての条約を廃棄《はいき》する、台湾からアメリカ軍を撤退させる、中華民国と断交するということです。鄧小平はこう言っていました。

「中国はアメリカとの国交正常化交渉を加速させるが、そのために台湾問題で妥協することはない。中米国交正常化後に、アメリカが台湾と民間交流を行うことは妨《さまた》げないが、中国人は台湾統一問題を自分で解決する能力を持っており、アメリカが心配する必要はない」

事態が動いたのは、この頃、すでに「米中両大国の敵」となっていたソ連の脅威に対抗するという目的が、大きかったと言えます。米中国交正常化の「露払《つゆはら》い」のように、アメリカの同盟国である日本が、1978年8月に中国と平和友好条約を結びました。

この頃、米ジミー・カーター政権は、「中国側の3条件を受け入れる」とした上で、アメリカ側からも3条件を出します。それは、（中華民国と結んでいる）米華共同防衛条約は米中国交正常化後も1年間有効とする、国交正常化時にアメリカ独自の見解を発表する、米中国交正常化後も台湾に限定的な防御用武器を提供するというものです。

アメリカはこの時、同時にベトナムとの国交正常化交渉も抱えていて、連邦議会は中国に対して強硬でした。米中国交正常化によって社会主義国の中国が発展し、アジアに「もう一つのソ連」が生まれてしまうのではないかという危惧があったのです。

しかし、アメリカ以上に追い詰められていたのが、中国側でした。鄧小平の「改革開放」は、アメリカとの国交正常化によって「外憂《がいゆう》をなくす」ことが前提となっていたため、これが頓挫《とんざ》したら改革開放は絵に描いた餅になってしまうのです。最後は鄧小平が、「台湾への武器輸出問題については、国交正常化後も継続して話し合う」として妥協しました。

## 「台湾同胞に告げる書」と台湾関係法

こうして、1979年元日に米中国交正常化が成立し、アメリカは中華民国と断交しました。発表された米中共同コミュニケの核心部分は、以下の通りです。

〈アメリカ合衆国は中国の立場、すなわちただ一つの中国があり、台湾は中国の一部であるという立場を認める〉

これは英文を和訳したものですが、中文では「認める」（acknowledge）は「承認」という漢字を使っています。

アメリカにはもう一つ、重要な任務が残っていました。中華民国との断交交渉です。米中国交正常化を4日後に控えた12月27日、ウォーレン・クリストファー国務副長官一行が、台北入りします。29日に会見した蔣経国総統は、５条件をアメリカに要求しました。

それは、アメリカ側が中華民国との断交の責任を負う、台湾の「法的地位」と「国際的な人格」を継続して認める、台湾の安全保障を宣言する、台湾への防御用武器供与を継続する、政府間の代表機構を相互に設置するというものです。これに対してアメリカ側が保証したのは、ワシントンに交渉のためのワーキングチームを設置することだけでした。

鄧小平は勝ち誇ったように、１９７９年1月28日から2月5日まで、アメリカ訪問を敢行。カウボーイハットをかぶったりして、「紅い小さな巨人」と熱烈歓迎を受けます。鄧小平はアメリカとの国交正常化をテコに、農村改革で人民公社を解体し、沿岸都市部に経済特区を設け、肥大した人民解放軍を削減していくという大改革を断行していきました。

さらに台湾側に対しても、攻勢に出ます。アメリカと国交正常化を果たした１９７９年元日、全国人民代表大会（国会）常務委員会の名義で、「台湾同胞に告げる書」を発表したのです。まるで親が子に対して、情で誘いながら説教するような文調です。

「親愛なる台湾同胞よ、昔から言うように、『節句になると親族への思いが倍化する』もので、骨肉の台湾の夫老兄弟姉妹に一層想いを馳《は》せる」という書き出しで始まります。そして途中、「われわれ中華民族は偉大な民族で、世界人口の4分の1を占め、悠久の歴史と優秀な文化を有する」と自賛します。その上で、「30年近く台湾と祖国が分離しているのは人為的なもので、わが民族の利益と願望に反しており、これ以上そのような状態が続いてはならない」と引き締めます。そして「誰が民族の千古《せんこ》の罪人となりたいだろうか?」と問いかけ、さらに「世界は普遍的に一つの中国しか認めず、中華人民共和国政府が中国唯一の合法政府であり、中日平和友好条約に署名し、中米国交正常化を実現し、こうした潮流はもはや誰にも止められない」と畳《たた》みかけます。

その上で、「中国政府は人民解放軍に対して、今日から金門島など島嶼《とうしょ》への砲撃を停止するよう命じた」と断り、「なぜ目と鼻の先の大陸と台湾の同胞が自由往来できないことがあろうか?」と問いかけます。そして「一刻も早く通航と通信を実現し、貿易(通商)を発展させよう。学術・文化・スポーツ・工芸の交流を実現させよう」と提案したのです。これらは「三通・四流」(3つの通過と4つの交流)と呼ばれます。

これに対して蔣経国政権は、「三不政策」(妥協せず、接触せず、交渉せず)で対応します。すなわち中国無視です。その代わり、アメリカ連邦議会へのロビー活動に全力を挙げ、4

月10日にアメリカで「台湾関係法」を成立させます。しかも1月1日に遡《さかのぼ》って施行させるという意地を見せました。その核心部分を箇条書きすると、以下の通りです。

・台湾人に防御用の武器を提供する。
・アメリカの能力を維持し、いかなる武力もしくは他の方式による圧力手段、台湾人の安全と社会経済制度の行動を危うくするものに抵抗していく。
・台湾人の安全もしくは経済制度が脅威を受け、それがアメリカの国益を損ねる場合、大統領の指示により、速やかに連邦議会に通知する。大統領と連邦議会は憲法の定めによって、アメリカがその危機に応対するため、ふさわしい行動を取ることを決定する。
・本法律のいかなる条文も、アメリカの人権に対する重視、とりわけ台湾地域の1800万人の住民への人権重視に違反してはならない。これによりすべての台湾人の人権を維持、保護、促進することがアメリカの目標であることを重ねて述べる。

「台湾関係法」によって、台湾としては中国からの武力統一の危機を、当面回避することに成功しました。しかし同時に、右記最後の一項にあるように、台湾での人権弾圧監視も明文化。台湾関係法は、1980年代の台湾の民主化を後押しする法律にもなったのです。

## 女性（国民党）に振られても追う男性（共産党）

こうして台湾側に「三不政策」を貫かれた中国側でしたが、1980年代の中台関係は、まるで男性が女性に振られ、それでも追いかける男女関係のようです。1981年6月に開いた「6中全会」で、鄧小平は党中央軍事委員会主席になり、人民解放軍を完全掌握します。そこで同年9月30日、盟友の葉剣英《ようけんえい》全国人民代表大会常務委員長（国会議長）が、新華社通信の記者に答えるという形で、台湾に「9項目提案」を行います。葉剣英元帥も蔣介石が作った黄埔軍官学校で教官をしていたので、国民党に強い思い入れがありました。

①第三次国共合作の実行、②「三通四流」の協議、③統一後の特別行政区設定、④台湾の制度の不変、⑤台湾人の中央政治参加、⑥台湾地方財政の中央政府からの補助、⑦台湾人の大陸居住と自由往来、⑧台湾工商界の大陸投資、⑨台湾人の建議受け入れ。

この提案の核心は③と④にありました。それらの全文を、まとめて再度訳します。

〈国家統一の後、台湾は特別行政区を作ることができる。高度な自治権を享受し、軍隊を保留できる。中央政府は台湾の地方事務に干渉しない。台湾の現行社会、経済制度は不変で、生活方式も不変である。外国との経済、文化関係も不変である。個人財産、家屋、土地、企業の所有権、合法的な継承権と外国投資も侵犯されない〉

ここに初めて、「一国二制度」の概念が登場したのです。中国は、その後まもなく始まったイギリスとの香港返還交渉で、「軍隊の保留」を除いてこの「一国二制度」を提案。イギリスの了承を得て、「現行の資本主義制度と生活方式を50年間維持する」（香港基本法第5条）という制度を作って、1997年の返還にこぎつけました。つまり、「香港モデル」の成功を台湾に見せつけることで、台湾統一を推進しようとしたわけです。

しかしそれから約30年を経て、2019年に逃亡犯条例の改正騒動が勃発。これに端を発し、2020年に香港国家安全維持法を制定、2021年に選挙制度を改正するなど、香港は事実上「一国一制度」になりつつあります。そのため、2020年1月に行われた台湾総統選挙では、「今日の香港を明日の台湾にしてはならない」と叫び続けた蔡英文総統が、史上最多の817万票も取って再選を果たしました。つまり香港は、いまや台湾人にとって「反面教師」と化しています。鄧小平は草葉の陰から嘆いていることでしょう。

## 蔣経国に最大限の譲歩を示した鄧小平

この台湾に魅力的とも思える「9項目提案」に対しても、台湾側は「三不政策」で無視しました。すると今度は、1982年7月24日、モスクワ中山大学時代の蔣経国のもう一人の親友で、2歳年上の廖承志《りょうしょうし》中央政治局委員（孫文の盟友・廖仲愷《りょうちゅうがい》の息子）が、蔣経国総統に宛てて公開書簡を送ります。「吾《わ》が弟、経国よ」という呼びかけで始まる書簡は、「すべてを水に流してともに統一の大業を成し遂げよう」と熱い思いを伝えますが、またもや台湾側は無視。浙江省の蔣介石総統の生家を立派に改修した様子をビデオに収めて送ったりもしましたが、やはり台湾側は「統一話」に乗ってきませんでした。

しびれを切らした鄧小平は、ついに自ら出ていきます。台湾大学を卒業し、蔣経国総統とのパイプを持っていた米ニュージャージー州シートン・ホール大学の楊力宇《ようりきう》教授を北京に招き、会見してこう述べたのです。

「問題の核心は、祖国の統一だ。平和的な祖国統一は、国共両党の共通の言葉となっている。だが私があなたを喰ったり、あなたが私を喰ったりとかいうことではない。

制度は同じでなくてよい。ただ国際的に中国を代表するのは、中華人民共和国だけだ。祖国統一の後、台湾特別行政区を定め、自分たちの独立性を保って構わない。大陸とは異なる制度を実行して構わない。司法も独立させ、最終の裁判所は北京になくてよい。

台湾はまた、自分たちの軍隊を持って構わない。ただ大陸の脅威にならなければよいのだ。大陸から台湾には、人を駐在させない。軍隊が行かないだけでなく、行政を行う官僚も行かない。台湾の党、政、軍などのシステムは、台湾が自分たちで管理して構わない」

鄧小平の構想は「一国二制度」であると同時に、もはや「連邦制」のような形態まで容認したのです。中国側ができる最大限の譲歩でした。

しかし、それでも蔣経国は「三不政策」を変えませんでした。中国側は蔣総統が表舞台に出て来ないことから、「死亡説」「重病説」まで疑って、台湾側の真意を図ろうとします。

蔣経国という政治家は、父親の蔣介石と較べて、はるかに複雑な性格の人間です。それだけにその心情を推し量るのは容易ではありませんが、それでもあえて推察してみます。

糖尿病の悪化によって、自らの死期が遠くないことを悟っていた蔣経国総統は、父親を反面教師として、「今後の台湾は台湾だけで生きていく」という選択をしたのではないでしょうか。台湾が中国大陸を統一することがないのはむろん、中国大陸が台湾を統一することもない。台湾は台湾として、独自の道を歩んでいくということです。

死の2ヵ月前、生涯ただ一度の台湾メディアとのインタビューでは「中国は必ず統一する、されるだろう」と答えています。しかし理想を言い遺《のこ》したかったのだと思います。

最晩年になってくると、中国に対して頑固一徹でもなくなります。1985年7月、経済界に押される格好で、香港などを経由する中国大陸との間接貿易を容認。戒厳令を解除して4ヵ月後の1987年11月には、中国大陸に3親等以内の親族が存命の台湾人に対して、中国大陸への親族訪問を解禁します。しかし自らは、生まれ故郷を訪れることもなく、その2ヵ月後の1988年1月13日に、77年の生涯を閉じたのでした。

# 第6章 李登輝vs鄧小平、江沢民

## 1988年～2000年

### 「台湾のゴルバチョフ」李登輝の登場

蔣経国総統が死去すると、中華民国憲法の規定に従い、即日、李登輝副総統が第7代中華民国総統に就任しました。ここから2000年5月20日に退任するまでの12年4ヵ月が、李登輝時代です。

蔣経国総統には、本妻との間に3人（孝文《こうぶん》・孝武《こうぶ》・孝勇《こうゆう》）、元秘書の章《しょう》亜《あ》若《じゃく》との間に2人（章孝厳《しょうこうげん》と章孝慈《しょうこうじ》の双子）、計5人の息子がいましたが、「蔣家の3代目」は作りませんでした。

まず本妻との間の3人の息子は病弱で、蔣経国の死後ほどなく、3人とも死去します。

1984年に起こった「江南《こうなん》殺害事件」も、台湾社会で3代継承への拒否感を生みました。これは米サンフランシスコ在住の台湾人作家・江南が『蔣経国伝』という暴露本を出した直後、自宅で殺害された事件です。蔣孝武が特務機関に命じた可能性が取り沙汰されると、蔣経国は孝武をシンガポールに出国させ、3代継承を否定して事を収めたのです。

現在、蔣家で唯一、立法委員（国会議員）を務めているのが、孝厳の長男で1978年生まれの蔣万安《しょうまんあん》で、2016年に初当選し、2020年に再選されました。私は2020年1月に台北で蔣万安の選挙を取材しましたが、蔣介石をソフトにしたような、帝王学が身に就いた4世議員です。民進党は最有力候補を蔣万安にぶつけても勝てませんでした。

話を蔣経国の後継問題に戻すと、数多《あまた》いる部下の中から、なぜ李登輝を副総統に引き上げたのでしょうか。本人は日本語で出版した著書『台湾の主張』で、こう述べています。

「蔣経国総統が私を副総統に選んだのは、必ずしも後継者として考えたからではなかったと思う。おそらく、自分が病気であのように早く亡くなるとは予想していなかったからである」

しかし、私はこの言葉は謙遜《けんそん》で、本心でない気がします。むしろ逆で、蔣経国総統は自分の近い死を認識していたからこそ、李登輝を副総統に据えたのではないでしょうか。

私は2004年に台北の李登輝宅でインタビューした際、本人に直接聞いてみました。すると笑みを浮かべ、両手を耳に当てる仕草をしながら流暢な日本語でこう答えたのです。「それは『見ざる言わざる聞かざる』だよ。家内と結婚した時、岳父《がくふ》に『娘を嫁がせる条件』として、この言葉を言われたんだ。私は長い間ずっとこの言葉を守って生きてきた」

本人が語ったのは、そこまででした。たしかに1945年に、日本に代わって国民党の外省人が支配者となって以降、以前から台湾に暮らしていた本省人は、沈黙を保って生きるしかありませんでした。李登輝は「二・二八事件」で国民党の官警に危うく殺されるところだったと、後に吐露《とろ》しています。李登輝が蔣経国に見いだされて出世街道を進んでいったのも、愚直な忠誠心が評価されたからでしょう。蔣経国総統は人一倍、猜疑心《さいぎしん》が強く、野心家の後継候補たちは次々に外されていき、残ったのが李登輝だったのです。

さらに言えば私は、李登輝が1982年に一人息子の憲文《けんぶん》を、がんのため32歳で失ったことが、副総統に任命される決定的要因になったと見ています。この先、李登輝を後継総統にしても、継がせる息子がいないのだから、一族で閨閥《けいばつ》政治を行うことはありません。李登輝が副総統に任命されたのは、息子を失って2年後のことでした。

李登輝総統は、まさに「台湾のゴルバチョフ」とも言える存在で、台湾社会を劇的に変えました。それは、中国との対決色を強める過程でもありました。

しかし、李登輝総統はゴルバチョフ書記長（大統領）の失敗も見ていました。つまりソ連の場合、改革の方向は正しかったが一気呵成《かせい》に進めたため失敗したと結論づけたのです。「政治家が心しなくてはならないのは、問題に直面したとき決して直線で考えないことだ。最短距離を見つけようとしてはならない。目的地への直線を引くことをやめて、必ず迂回《うかい》することと、むしろ回り道を見つけだそうと努めるべきなのである」（前掲書）

李登輝自身の人生も迂回の連続で、後半生に重心を置いた生き方をしました。それだけ老獪《ろうかい》な政治家だったとも言えます。現在、中国が「民族の逆賊《ぎゃくぞく》」と呼んでいる台湾の政治家が3人います。李登輝、陳水扁、蔡英文の3人の総統経験者で、そのうち国民党の総統で「逆賊」扱いされたのが李登輝総統でした。「歴史に残る人物」という言い方がありますが、李登輝という政治家は、21世紀の台湾を方向づけた傑物だったと思います。

## 蔣介石・経国時代の政治的遺物を改革

李登輝は、1923年1月15日、現在の新北市三芝区に、次男として生まれました。父親の李金龍《りきんりゅう》は警察学校を卒業して、台湾総督府当局に仕えていた刑事です。李登輝は日本名を岩里政男《いわさとまさお》と言いました。2歳上の兄は、日本帝国軍人として出征し、フィリピン戦役で殉死《じゅんし》しています。李登輝は台北高等学校卒業後、京都帝国大学農学部農林経済学科に進学。ほどなく学徒出陣し、名古屋の高射砲部隊に入隊し、終戦となりました。

終戦後に帰郷し、台湾大学農学部農業経済学科に編入します。蒋介石総統が台湾に落ち延びた1949年に卒業し、そのまま助手になり学者の道を歩みました。同年、大地主の娘・曽文恵《そぶんけい》と見合い結婚します。1952年に米アイオワ州立大学に留学し、翌年修士号取得。帰国後、台湾大学講師、助教授と進みます。1965年、米コーネル大学に留学し、3年後に博士号取得。帰国後に蒋経国の知遇を得て政界入りした経緯は、前述の通りです。

李登輝の前半生は、エリートコースを歩んでいたとはいえ、鈍足《どんそく》でした。例えば、コーネル大学に留学した時は42歳で、台湾人留学生たちがつけたニックネームが「ステーキおじさん」。週末に自宅でステーキをご馳走してくれる人のいいおじさんと映っていたのです。

それでも蒋経国の李登輝に対する信頼は、増す一方でした。1972年に行政院政務委員（大臣）、1978年に台北市長、1981年に台湾省長、1984年に副総統と、トントン拍子で出世していきました。動員戡乱《かんらん》時期臨時条款と戒厳令下の台湾では、選挙は形式的なもので、蒋経国の指名がすべてでした。

李登輝政治は「静かなる革命」と呼ばれました。当時の国民党には兪国華《ゆこくか》、李煥《りかん》、郝柏村《かくはくそん》という3人の外省人の実力者がいました。李登輝総統は3人を順番に行政院長（首相）に就かせることで、表向きは3人とも味方につけながら、裏で3人を仲違いさせたのです。

かつ3人目の郝柏村は、8年も軍参謀総長を務めた国民党軍のボス格でしたが、行政院長に「格上げ」して、軍での影響力を削《そ》いでいきました。そして国防部長や総参謀長などに李登輝派を起用し、軍を掌握した1993年2月、郝柏村行政院長を解任したのです。

郝柏村を排除して行政院長に抜擢《ばってき》したのが、子飼いの連戦《れんせん》でした。連戦は、前述の国共合作による抗日路線を決めた「西安事件」が起こる4ヵ月前、1936年8月に西安で生まれました。「抗日詩人」と呼ばれた著名な学者の祖父・連横《れんおう》が、日本に連戦連勝するようにとの願いを込めて、連戦と名づけたのです。

連戦は、この強烈な反日意識を除けば、「ミニ李登輝」とも言うべき経歴の持ち主です。裕福な家庭に育ち、台湾大学を出て米シカゴ大学で修士号と博士号を取得。台湾大学教授から蔣経国に見出されて政界入りし、交通部長、行政院副院長（副首相）と進んでいきました。地味で真面目な性格ですが、方瑀《ほうう》夫人は「ミス台湾」に選ばれた絶世の美女です。

李登輝総統は1991年5月1日、その4年前に廃止した戒厳令とともに、「中国大陸統一」を掲げた蔣介石・蔣経国時代の「遺物」だった動員戡乱時期臨時条款を廃止しました。それによって「万年国会」「万年議員」の改革も進め、同年12月に国民大会の全面改選選挙、翌1992年12月に立法委員の全面改選選挙を行います。この二つの立法機関は、2001年の選挙から現在の立法院に統一されました。

李登輝総統が行った政策は、野党・民進党の要求を、少しずつ実現していったようなものでした。そのため、民進党の懐柔《かいじゅう》にも成功します。

## 「共産党が勝者で国民党が敗者」という固定観念を逆転

李登輝は、中国大陸との関係もダイナミックに変えていこうとしました。「台湾独立」を唱えれば中国の軍事介入を招くので、「中華人民共和国vs.中華民国」という枠組みは保ちながらも、「中華民国の台湾化」を進めたのです。

1989年5月、天安門事件直前の北京は、若者たちの民主化運動が吹き荒れ、騒然としていました。李登輝はこれを好機と見て、この時に北京で行われたADB（アジア開発銀行）総会に「台湾代表団」を派遣します。国際会議に出席することで「台湾」をアピールすると同時に、蔣経国時代の「三不政策」を改める感触を探ったのです。直後の6月に天安門事件が起こり、西側諸国の企業が中国から一斉に引き上げ、中国経済は停滞します。

李登輝は1990年7月に行政院に大陸委員会を設置し、10月に総統府に国家統一委員会を設置。翌1991年3月に、中国大陸との交流窓口として海峡交流基金会（海基会）という財団法人を作りました。これについては後述します。

そして同年3月14日、国家統一綱領を制定しました。これは李登輝時代の中国大陸政策の指針を定めたもので、２００６年2月28日に陳水扁民主党政権が停止するまで、15年続きました。いまも台湾の国家大陸委員会のＨＰ《ホームページ》の片隅に残っています。

国家統一綱領は、まず前文で、「民主、自由、均富の共通認識を打ち立て共同で一つの統一した中国を再建する」と謳《うた》っています。

続いて「目標」が書かれ、「民主、自由、均富の中国を作ること」としています。

その後、「4つの原則」を述べています。

①国家統一の促進、②全民の福祉に依拠した統一、③民主法治などの実践、④中国統一の段階的達成。

その上で、④の「段階的達成」という部分を、「短期、中期、長期」に分けて、さらに具体的に明記しています。その要旨は、以下の通りです。

「**短期**……交流互恵段階　①理解推進と敵意抹消、②仲介機構設立、③大陸の民主法治実行と台湾の憲政改革加速、④一つの中国の原則で平和的な争議解決。

**中期**……相互提携段階　①対等な公的ルート設立、②三通開放と中国大陸東南沿岸地域の共同開発、③協力互助で国際組織活動に参加、高官の相互訪問推進。

**長期**……協商統一段階　協商機構の成立と民主・自由・均富の中国建設

前任の蒋経国時代は、ひたすら「守り」の姿勢でしたが、李登輝時代になって、一気に

「攻め」に出た感があります。かつ国家統一綱領からは、明確な「意図」が読み取れます。それは、「共産党が勝者で国民党が敗者」という40年来の固定観念を逆転させようとしたことです。

軍事的、外交的には共産党が勝者となりましたが、経済状況は完全に台湾が勝者でした。1990年の時点で、台湾のGDPは中国大陸の42%を占めていました。また政治面でも、いち早く民主化を進めていく台湾が先駆者です。こうしたことから台湾が「兄貴分」となって、中国大陸に経済発展と政治の民主化を根づかせようとしたのです。『経済と民主」こそが、鄧小平が1980年代に唱えた「一国二制度」に対する1990年代の台湾側の回答でした。

こうした強気の姿勢で臨んだ背景には、台湾内外の追い風がありました。まず台湾内部では、蔣経国路線とは真逆の対中路線を進むことで、目の上のたんこぶである国民党非主流派の外省人たちを退場させられます。加えて、台湾の経済界では、改革開放政策を10年以上続けた中国大陸に進出したいという機運が漲《みなぎ》っていました。

私が台湾取材を始めたのもこの頃からですが、当時の台湾の経済界では「ホンハイに続け」が合言葉になっていました。2016年にシャープを買収したことで日本でも話題になったホンハイ（鴻海精密工業）の郭台銘《かくたいめい》会長は、大陸進出が解禁された1988年に、台湾の大企業として初めて深圳《しんせん》経済特区に工場を作り、大成功を収めたのです。李登輝総統は、こうした新進気鋭の経営者たちの支持を得ていました。

さらに世界情勢の追い風が加わりました。1989年11月にベルリンの壁が崩壊し、東欧の社会主義国家が次々に民主化していきました。「社会主義の本家」であるソ連が崩壊するのは1991年の年末ですが、その前から弱体化して、混乱が始まっていました。当の中国も、1989年6月の天安門事件で大打撃を受け、この年と翌年は、経済成長が大幅ダウンしました。

その上、1991年1月にアメリカがイラクに対して起こした湾岸戦争は、超大国アメリカの威力を世界に見せつけました。アメリカの庇護《ひご》を受ける台湾は、チャンス到来です。

李登輝は、こうした確固とした指針を打ちだした上で、1991年5月、前述のように動員戡乱《かんらん》時期臨時条款を廃止したのです。これは、中華民国による中国大陸の武力統一を放棄したというメッセージになりました。同年11月には、「中華台北」(Chinese Taipei)としてAPEC(アジア太平洋経済協力会議)への加盟を果たしました。

## 鄧小平の「経済をもって統一を促す政策」

中国側もまた、1988年1月に「三不政策」を貫いていた蔣経国総統が死去したことで、鄧小平は老体に鞭《むち》打って攻勢をかけました。それは、「以経促統《いけいそくとう》」（経済をもって統一を促す）という政策です。台湾企業をどんどん中国大陸に誘致して儲けさせていけば、それが呼び水となって統一を早められると判断したのでした。

この方針に沿って、同年7月に中国が台湾同胞投資奨励規定を公布します。簡単に言えば、「台湾企業は『国内企業』なので他国の外資系企業以上の優遇策を施す」ということです。李登輝政権もこれに対応して、1990年10月に対大陸地域間接投資技術協力管理弁法を公布します。要は最先端技術以外は中国大陸に投資して構わないということです。

こうした流れにさらに拍車をかけたのが、1992年1月から2月にかけて、87歳の鄧小平が行った最後の大仕事、いわゆる「南巡《なんじゅん》講話」です。3年前の天安門事件によって、子飼いだった趙紫陽《ちょうしよう》総書記を解任した鄧小平は、後任に上海市党委書記だった江沢民《こうたくみん》を、3段飛びで総書記に抜擢します。しかし江沢民総書記はもともと保守的気質の持ち主で、かつ「社会主義体制を防衛する」という中国共産党幹部や長老たちの危機感を受けて、毛沢東時代のようなガチガチの社会主義体制に傾きかけました。それを鄧小平は、自分が作った経済特区の深圳《しんせん》などを視察して、「改革開放を加速せよ！」と大号令をかけたのです。

鄧小平はこの時、「社会主義市場経済」という、東欧の一部で実験的にしか行われていなかった制度を中国に導入します。同年10月の第14回中国共産党大会でこのシステムを採決し、翌年3月の全国人民代表大会で憲法を改正。「国家は社会主義市場経済を実施する」（第15条）と明記しました。

これは、「政治は社会主義で経済は市場経済」という社会主義と資本主義のイイトコドリです。このシステムは、21世紀に中国が経済大国としてのし上がっていった原動力となりました。しかし約30年を経た現在、「社会主義」と「市場経済」という根本的矛盾を孕《はら》んだ二つの概念の衝突が、抜き差しならないところまで来ているのも事実です。

鄧小平の「南巡講話」に欣喜雀躍《きんきじゃくやく》したのが台湾企業でした。台湾経済部が認可した中国大陸への投資件数は、1992年は264件でしたが、翌1993年は9329件と35倍に急増したのです。

中台の当局同士による交流も始まります。中台当局の接触はそもそも、蔣経国時代末期の1986年5月3日に起こった中華航空事件が始まりです。この日、香港を飛び立った台湾の中華航空が航路を見失い、広東省広州に不時着したのです。この機体引き取りが、中台間の最初の公的交渉となりました。

その時、双方で交渉窓口が必要だということになりましたが、それから5年かかりました。台湾は李登輝時代の1991年3月9日、海峡交流基金会（海基会）を設立しました。台湾セメントを台湾ナンバー1企業に押し上げた辜振甫《こしんぽ》が会長に就きます。一方の中国側も、同年12月16日、海峡両岸関係協会（海協会）を設立しました。こちらの会長は、上海時代の江沢民総書記の恩師である汪道涵《おうどうかん》です。

中国側のこの人事を見ると、すでに中国国内で中台交渉の主導権が、鄧小平から江沢民に移行していることが分かります。そのわずか2年半前に、上海から中国政府のトップに祭り上げられた際、江沢民が鄧小平ら「八大長老」から許されたのは、「（最側近の）曽慶紅《そけいこう》を上海から帯同する」ことだけでした。江沢民もまた、老獪《ろうかい》な政治家と言えます。

## 「一個中国、各自表述」という「92コンセンサス」

1992年10月28日から30日まで、海基会と海協会は香港で、非公式の協議を行いました。この協議を経て、後に次のような共通認識に至ります。

「海峡の両岸は、国家の統一に向けてともに努力していく。双方は等しく、一つの中国の原則を堅持する。だが一つの中国が意味するところは、おのおの異なることを認知する」

いわゆる「一個中国、各自表述」という「92コンセンサス」（九二共識）です。中華民国（台湾）行政院大陸委員会のHPでは、以下のように解説しています。

〈両岸の利便性を高めるため、財団法人海峡交流基金会は、民国81年（1992年）10月、大陸側と香港で協議した。大陸側が提起した「一つの中国」（一個中国）の政治的な議題だったが、物別れに終わった。そこで台湾側が同年11月3日に、双方が各自で口頭で表明してはどうかと建議した。表明する内容とは、同年8月1日に李登輝総統が開いた国家統一会議で決議した「一つの中国の意味について」を基礎として、「双方が一つの中国の原則を堅持しながらも、一つの中国の意味するところは互いに異なる」というものだ。

同日、中国大陸の海峡両岸関係協会から電話が来て、11月16日には正式な書類が届いた。台湾側の「口頭で声明を発表し、各自のやり方で表現する」というアイデアを、「十分尊重に値し、受け入れる」。すなわち台湾側の建議は「コンセンサス」となったのだ！

このように「92コンセンサス」は大陸側が提起し、台湾側が強制的に呑《の》まされたのではなくて、台湾が提起して大陸が受け入れたのだ。この歴史的事実を認めるべきだ〉

この後に、「台湾側が主張する『一中』とは、当然ながら中華民国のことだ」と続きます。

一方、中国側の国務院台湾事務弁公室のHPでは、核心部分の説明はこうなっています。

〈「92コンセンサス」の中で重要なのは、「一つの中国」を双方が認めたということであって、一つの中国が意味するものについては、ひとまず先送りしたのだ。実際、「92コンセンサス」によって両岸関係は発展していった〉

私は1990年代半ばに、台湾側の大陸委員会幹部から、こんな話を聞きました。

「われわれは『一つの中国は認めるが、わが方にとっては中華民国のことだ』と主張した。

そうしたら中国側は、『とにかく一つの中国さえ認めてくれればよいのだ』と言うから、『各自表述』とした。かつ、双方とも後々何が起こるか知れない、子孫に迷惑がかかるのは避けようということで、文章と署名なしの『口頭合意』とした。

こんな芸当ができるのは中華民族だけだろう。昼間は気難しく交渉していたが、夜になると白酒で乾杯し、まさに『一つの中国』の雰囲気だった。だが（中国）大陸側はほどなく『各自表述』の4文字をカットしてしまい、『一個中国』だけを主張するようになった」

この「92コンセンサス」を経て、翌1993年4月27日から30日まで、両会のトップ会談が、シンガポールで開かれました。いわゆる「汪辜《おうこ》会談」です。私もこの時期、シンガポールに取材に行きましたが、「1965年の建国以来最大のビッグイベント」と盛り上がっていました。当時シンガポールは、香港、台湾、韓国と並んで「4つの小龍」と呼ばれ、「建国の父」李光耀《リークアンユー》首相は「華人社会の見本」を自負していました。李登輝総統が1989年3月、初外遊に出たのもシンガポールです。その後、同様に「建国以来のビッグイベント」と言われたのが、それから23年後の2016年に行われた、習近平主席と馬英九総統の初の中台トップ会談です。これについては後述します。

江沢民総書記は、「今回の会談は海峡の両岸関係を発展させる歴史的な一歩となった」と声明を発表します。しかし台湾側は、最重要視していた台湾企業の投資保護協定に関して、協議にも入れず複雑な思いでした。中国側は、台湾企業を優遇することは認めても、「投資保護協定を結ぶと台湾を外国と認めることになる」として拒否感を露《あら》わにしたのです。

## 中華民国の国連復帰運動の加速化

いまから振り返れば、この「汪辜会談」は、1990年代の中台関係のピークにあたりました。以後、中台関係に暗雲が垂れ込めていきます。

「汪辜会談」で台湾側が思い知ったのは、中国側の「自信」でした。鄧小平の「南巡講話」を契機として、中国の若者には、民主を放棄する代わりに金持ちになる自由が与えられました。それによって中国経済はV字回復し、天安門事件で撤退した外資も戻ってきました。

1992年10月には、日本の天皇訪中が実現。アメリカも、1993年1月に就任したビル・クリントン大統領が同年5月、人権問題を改善することを条件に、MFN（最恵国待遇）を1年更新します。その翌年には無条件更新とします。要はアメリカも「人権より対中ビジネス」だったのです。

こうした環境下で、李登輝政権にしてみれば「台湾が兄で中国が弟」どころか、近未来に「台湾包囲網」が敷かれて「併呑《へいどん》」されてしまうという危機感を持つようになりました。

そこで「汪辜会談」を契機として、「積極外交」に出ることにしたのです。その象徴と言えるのが、国連復帰運動の加速でした。国連からの脱退は1971年に蔣介石総統が英断したことで、22年後の方針転換は、李登輝総統の「蔣父子からの独立」を意味しました。

中台関係とよく比較される南北朝鮮（韓国と北朝鮮）は、1991年に揃って国連に加盟していました。統一前の東西ドイツも同様です。そのため、世界は中華民国の国連復帰も認めるべきだというのが、李登輝政権の主張でした。

台湾は同年12月の国連総会で、①将来の中国統一を排除しない、②中華人民共和国の国連脱退を求めない、③両岸が分裂分治されていることを認める、という3条件を持って諮《はか》りますが、中国側の激しい反対攻勢に遭って失敗します。以後、15年にわたって、国連を舞台にした中台の攻防が続くのです。

翌1994年3月31日、千島湖《せんとうこ》事件が起こります。浙江《せっこう》省杭州市にある千島湖を遊覧中の船で火災が発生し、台湾人観光客24人が死亡しました。中国側は単なる火災事故と処理しようとしますが、李登輝政権の執拗な追及に、強盗放火殺人だったことを認め、3人の実行犯を処刑します。この時、李登輝総統が「中国共産党は土匪《どひ》だ」と発言し、台湾で反中感情が高まりました。同様に江沢民政権側も、李登輝政権に対して疑念を抱きます。

その後、中国側の李登輝不信を決定的にした出来事が起こります。それには日本が関係していました。作家の司馬遼太郎が『週刊朝日』で連載していた「街道をゆく」の人気シリーズで、40回目の紀行に台湾を選び、1993年1月と4月に、台湾を訪れます。その中で現役の李登輝総統に面会を求めたところ、快諾《かいだく》します。日本植民地世代の李総統は、「岩波文庫を700冊読んで勉強した」というほどの日本贔屓《ひいき》で、「同い年で同じ旧日本陸軍予備役士官教育第11期生」である司馬遼太郎の作品のファンでした。

その面会の模様は同年夏、『李登輝さん』『続・李登輝さん』と2度にわたって同誌に掲載されました。その中で李登輝総統が強調した言葉がありました。

「シバさん、私は二十二歳まで日本人だったのですよ」

「植民地に対しては、宗主国というのは、自国のいいところを見せたがります。シンガポールに対する英国もそうでしたし、台湾における日本もそうでした」

こうした言葉は、バブル経済崩壊で自信を失いつつあった日本人の心に突き刺さりました。李登輝本人が期待していた以上に、日本で大反響を巻き起こしたのです。

そこで『週刊朝日』は、35週続いた「台湾紀行」が掲載を終えた後の番外編として、「場所の悲哀」と題して司馬・李対談全文を掲載したいと要請。これまた李登輝は快諾します。

こうして『週刊朝日』（1994年5月6日・13日合併号）に、現役の中華民国総統のあけすけな「中国観」が披瀝《ひれき》されました。対談の全文は非常に長いので、特筆すべき「李登輝発言」だけをピックアップすると、以下の通りです。

「中日甲午《こうご》（日清）戦争で日本に負けたとき、李鴻章《りこうしょう》がいちばん初めに日本に割譲《かつじょう》したのが台湾でした。台湾は別にいらないんだと。化外《けがい》の地だからね。日本がもらったって始末に困るよ、そんな感じでした」

「中国共産党は台湾省は中華人民共和国の一省なりという。変てこな夢ですね」

「台湾がもし独立を宣言すると北京も怖いはずです。チベットや新疆《しんきょう》も独立をいいだすかもしれない」

「いままでの台湾の権力を握ってきたのは、全部外来政権でした。最近私は平気でこういうことを言います。国民党にしても外来政権だよ。台湾人を治《おさ》めにやってきただけの党だった」

「北京の指導者が台湾に対して頭を痛めている問題が三つあります。一つは台湾の民主化です。（中略）第二は私の外交です。（中略）第三は、昔は『大陸軍主義』をとって、戦車ばかり持っていた。最近、戦闘ヘリコプターや戦闘機をだいぶ買ったんです。これだけ空軍力をつければ、台湾の空軍は30年間困ることはない」

「（台湾は新時代に）出発した。モーゼも人民もこれからが大変です。しかしとにかく出発したんだ。『出エジプト記』はひとつの結論ですね」

## 李登輝総統による戦略的な中国挑発

李登輝総統は、司馬遼太郎との対談という「箱物」を借りて、江沢民政権を挑発していることが分かります。「統一できるものならしてみろ、しないなら独立してしまうぞ」と言っているようです。同時に、台湾人を鼓舞《こぶ》しています。最後の「出エジプト記」は、モーゼが虐《しいた》げられていたユダヤ人を率いてエジプトを脱出し、新しい国を作る話で、自らを「現代のモーゼ」になぞらえているわけです。

実際、この対談は直ちに中南海（北京の最高幹部の職住地）と台湾でそれぞれ中国語に訳され、日本とは別な意味で大反響を呼びました。まず中国側は怒り心頭で、共産党中央委員会機関紙『人民日報』（6月16日付）が、「中国人の感情はどこにあるのか？——李登輝と司馬遼太郎の対話を評す」と題した強烈な批判を繰り広げたのです。

一方、台湾では、特に本省人たちが「李総統についていこう」と、独立の機運が高まっていきます。その流れで、同年12月3日に行われた台北市長・高雄市長・台湾省長の初の直接選挙で、台湾独立志向の強い民進党の陳水扁《ちんすいへん》台北市長が誕生しました。

私は、当時の李登輝総統が一番考えていたのは、１９９６年3月に迫った初の総統直接選挙だったと思います。この選挙で勝利すれば、以後の4年間は「李登輝の台湾」になり、フリーハンドで政権運営にあたれるからです。

そのためには、投票者の多数を占める本省人の心に響くパフォーマンスが必要でした。その目的に、日本を「利用」したのです。この手法は、後述しますが1999年に『台湾の主張』を日本で出版し、15万部のベストセラーとなった時に再現されます。

翌1995年、年初から江沢民政権側が動きました。1月30日、国務院台湾事務弁公室などが主催した春節の茶話会で、「祖国統一の大業の完成を促進するため引き続き奮闘する」と題した8項目の主張を発表。いわゆる「江八点」で、要点は以下の通りです。

①一つの中国の原則堅持、②台湾の外国待遇許可、③両岸の敵対関係終了、④平和的統一の実現、⑤経済交流提携の発展、⑥中華文化の継承、⑦台湾同胞の権益保護、⑧台湾指導者の訪中歓迎。

あれだけ李登輝に言いたい放題言われていながら、ずいぶんと台湾に妥協した物言いです。対台湾穏健派の汪道涵海基会会長や銭其琛《せんきしん》外交部長（外相）の助言に従ったものでした。

中国側にも、もちろん対台湾強硬派は存在します。特に、国民党軍に戦勝して建国したとの自負を持つ人民解放軍です。しかし、1989年11月に鄧小平は江沢民に党中央軍事委員会主席（軍トップ）のポストを譲っており、90歳のこの時点では、すでに寝たきりに近い状況でした。在北京の西側特派員たちは、いつ「重大発表」があるかもしれないとして、景山公園北側にあった鄧小平宅の周囲を日々、車で見回りしていたほどです。

おそらく江沢民主席自身、台湾との武力戦争など考えてもいなかったでしょう。上海交通大学に入学して以降、中国最大の経済都市である上海を拠点にしてきた江沢民が考えていたのは、台湾を利用したビジネスと、2年半後に控えた香港返還をつつがなく行うことでした。どちらも、両岸関係の平和があってこそ成り立つものです。

しかし李登輝は、そんな江沢民の心を見透かしたかのように、強烈な冷や水を浴びせる「回答」を返しました。4月8日に国家統一委員会で行った談話、いわゆる「李六条」です。

①両岸分治に基づく中国統一、②両岸の交流強化、③両岸経済貿易の増進、④両岸の平等な国際組織参加、⑤平和的解決の堅持、⑥香港とマカオの民主促進。

中国として絶対に受け入れられない④を入れるなど、台湾側がさらに対話のハードルを上げたのでした。李登輝の挑発はまだ続きます。同年6月7日から11日まで、「母校コーネル大学の同窓会に出席する」との名目で、アメリカ訪問を敢行したのです。

クリントン政権は前述のように、中国ビジネス重視の路線を貫いていました。ところがこの時は、翌年に再選を目指す大統領選を控え、李登輝のビザ発給を上下院で決めた連邦議会と対決するのは得策でないと判断したのです。中国にとっては青天の霹靂《へきれき》でした。

こうして意気揚々と訪米した李登輝総統は、6月9日にコーネル大学で「民の欲する所に、常に我が心在り」（民之所欲、常在我心）と題した45分間のスピーチを英語で行います。

それは「李六条」をなぞるような内容でした。特に、台湾の経済発展と民主化を「台湾経験」と呼び、「早く国際社会に復帰させてほしい」と訴えたのです。ちなみに、この時点で台湾（中華民国）と国交のある国は29ヵ国でした（2021年9月現在は15ヵ国まで減少）。

親台派のアメリカ人や台湾系華僑で埋まった会場は、拍手喝采です。この日は、李登輝総統の12年あまりの外交のハイライトでした。

## 人民解放軍の大規模演習で目覚めた台湾人

江沢民政権は、いよいよ堪忍袋《かんにんぶくろ》の緒が切れました。折りしも、7月7日は日中戦争開戦50周年にあたり、激しい反日キャンペーンを繰り広げていました。これに乗っかる格好で、新華社通信や『人民日報』などで大々的な李登輝批判キャンペーンを始めたのです。特に『人民日報』は、7月24日から4日連続で李登輝批判記事を掲載しました。

汪道涵会長や銭其琛外相ら対台湾穏健派は、中南海で批判の矢面に立たされました。代わって台頭したのが、人民解放軍の対台湾強硬派です。このまま台湾を放置しておいては、中南海が政局になります。端的に言えば、「江沢民降ろし」が始まるということです。そのため江沢民は、軍強硬派の機嫌取りに必死になりました。

7月21日から26日まで、人民解放軍はミサイル演習と称して、台湾北端の基隆港から

100kmあまり北の海域に、地対地ミサイル6発を撃ち込みました。8月15日から22日まで、新型の兵器を駆使して2回目の砲撃を行います。10月に入ると、台湾海峡の沿岸で、海軍が新型の駆逐艦などを繰り出して、大規模な上陸演習を始めます。江沢民主席も軍服姿で現地視察しました。11月には、陸海空3軍による合同上陸演習を行います。こちらは中央軍事委員会副主席に就任したばかりの張万年《ちょうまんねん》上将が指揮しました。

中国側は、12月2日に行われる台湾の立法院（国会）選挙に対する威嚇《いかく》目的でしたが、皮肉なことに中国の脅威が強まるほど、李登輝政権の支持率は上がります。この選挙は、李登輝主席率いる国民党が85議席を確保しましたが、反中意識がさらに強い民進党も54議席を獲得しました。この両党の議席が逆転するのは2001年のことですが、この時すでに、台湾人の反中意識は相当高まっていました。

1996年に入ると、3月23日に台湾で初めて実施される総統直接選挙に向けて、台湾海峡の波はさらに荒れていきました。3月8日から25日まで、人民解放軍は前代未聞の3度にわたる大規模演習を敢行したのです。もういつでも、演習が「台湾進攻」という実戦に変わりかねないものでした。その狙いは李登輝総統の再選阻止です。中国としては、李登輝総統が直接選挙で再選されたら、直ちに台湾独立を宣言するのではと恐れたのです。

これは（第三次）台湾海峡危機と呼ばれます。3月8日に始まった1回目の演習では、人民解放軍の第二砲兵部隊が、台湾の南北の拠点である高雄港と基隆港（両港で台湾の貨物の8割を占める）から約20カイリの海域に、4発のミサイルを撃ち込んだのです。

台湾はアメリカに再三、救援を要請しました。クリントン政権は、1993年から翌年にかけて起こった北朝鮮核危機をジュネーブ合意にまとめあげたことで、東アジア外交に自信を持ち始めていました。それは一言で言えば、徹底したアメとムチです。一方で拳を振り上げ、相手を強く威嚇する。その上でアメをチラつかせ、相手を鎮《しず》めるのです。

アメリカ軍は3月8日に「インディペンデンス空母打撃群を急派する」と発表。数日後には、ペルシャ湾に展開していたニミッツ空母打撃群も台湾海峡に向かいました。

人民解放軍は3月12日から、2回目の演習を始めます。これは実弾演習によって制海権と制空権を奪い、海上封鎖するのが目的でした。続いて、3月18日から3回目の演習に入りました。こちらは陸海空軍合同で台湾上陸作戦を行う大演習です。そのような騒然とした中で、台湾総統選挙が行われたのです。

当時私は、北京大学の留学生でした。日本メディアは連日、いまにも中台戦争か米中戦争が勃発するかのように報道し、中国メディアも人民解放軍の勇ましい演習を報道するので、福建省アモイで最前線の様子を見たくなりました。日本の大手紙は「アモイ空港を人民解放軍が接収」と報じていましたが、航空チケットはすんなり買えました。

台湾総統選挙前日の22日昼、アモイ空港に着いてみると、拍子抜けしました。人民解放軍の戦闘機などどこにもなく、遠足に来た地元の小学生たちが旅客機を指さしてはしゃいでいました。危機に備えて5つ星ホテルに宿泊しましたが、ホテルに着くと宴会場で台湾の大手電機メーカーが、新製品の展示会を開いていました。夜にはこの台湾メーカーと中国側とで大宴会です。部屋でテレビをつけると、台湾の人気ドラマを放映していました。

選挙当日には金門島近くのアモイの外島・鼓浪嶼《グーランユイ》まで足を運びました。まさか島まで行きつけるとは思っていませんでしたが、アモイ港から鼓浪嶼へ向かう船も通常運行です。島へ下りたら、たしかに人民解放軍の兵士たちがいましたが、大演習どころか、ヒマそうに凧揚《たこあ》げしているではありませんか。その横では、兵士たちが寝っ転がってラジオを囲み、対岸の台湾で生放送している総統選挙の実況中継を聞き入っていました。おそるおそる近寄ってみると、呆《ほう》けた様子なので、思い切って話しかけてみました。すると兵士の一人が、「李登輝が何票差で勝つか、皆で賭けているんだ」と屈託《くったく》なく答えました。

総統選挙の結果は、国民党の李登輝総統が581万票を獲得し、民進党の彭明敏《ほうめいびん》候補の227万票にダブルスコアをつけて圧勝しました。投票率は76％に達し、民主選挙を待ち望んでいた台湾人の心情が伝わってくるようです。

私は兵士たちとしばし雑談した後、島の頂上に立つ鄭成功《ていせいこう》記念館へ行きました。鄭成功

（1624年～1662年）は、明末清初の1661年から翌年にかけて、当時オランダに占領されていた台湾を「奪還」した中国の英雄です。といっても、母親は平戸出身の田川マツという日本人女性なので、日中のハーフです。広い館内には一人も客がおらず、手持ちぶさたの学芸員が案内してくれました。特に、鄭成功率いる軍隊がいかに、オランダが占領する台湾を攻略していったかについて、大判地図を前に熱心に説明してくれました。

しかし私が気になっているのは、300年前の史実よりも、いまこの時、台湾海峡で起こっていることです。それで「鄭成功の戦略を参考にして現在、人民解放軍は台湾海峡で空前の規模の演習を行っているのですか？」と水を向けてみました。すると学芸員は「どうかね」。私が「人民解放軍の力で、台湾上陸は果たせますか？」と畳《たた》みかけると、またもや「どうかね」。しかしその表情からは、人民解放軍の実力を疑問視しているようでした。

ホテルへ戻った私は、親しくしていた二人の日本メディアの北京支局長に電話をかけて、アモイの様子を伝えました。しかし一様に「台湾海峡は戦争の危機なのに、そんなはずはない」と取り合ってくれません。そして翌日の新聞は、相も変わらず一触即発の記事です。

いまにして思えば、アメリカ軍の2隻の空母が台湾海峡に入った時点で、台湾海峡危機は去っていたのです。当時のアメリカ軍の力は圧倒的で、人民解放軍はとっくに白旗を挙げていました。3月7日に「密使」（劉華秋《りゅうかしゅう》国務院外事弁公室主任）を訪米させたほどです。

ただ、この台湾海峡危機は、中国側に大きなしこりとなって残りました。当時、福建省の最前線にいたのが、後にそれぞれ中央軍事委員会主席（軍トップ）、海軍司令員（海軍トップ）となる習近平と呉勝利《ごしょうり》のコンビでした。習近平は、福建省党委副書記兼福州軍分区党委第一書記、呉勝利は海軍福建基地参謀長です。この時の屈辱で、２０１２年以降に二人が党と軍の実権を握って、「アメリカ軍に負けない海軍建設」を本格化させるのです。

## 江沢民が台湾に仕掛けた微笑外交

「静かなる革命家」李登輝総統の12年の執政を前後半に分けると、１９９６年3月の総統選挙が折り返し地点です。「第9期中華民国総統」の地位は、誰かから譲られたものでなく、自ら台湾人の民意を得て勝ち取ったものでした。5月20日の就任式は曽文恵夫人の建議で、ベートーベンの「第9」の歓喜の歌を流すことから始めました。まさに「歓喜の瞬間」だったのです。就任演説では「自由と民主の勝利」を強調しました。以後は「大台湾を建設し、新中原（新しい中心地）を打ち立てる」ことを目標にします。

一方、中国側にも変化が訪れます。１９９７年2月19日、ついに「巨星」鄧小平が92歳で逝《い》きました。以後は完全な江沢民時代を迎えます。江沢民の主な関心は、台湾統一ではなく中国の経済発展にありました。アメリカを敵ではなく、ビジネスで儲ける相手と捉えていたのです。1998年3月に、上海時代の部下だった改革派の朱鎔基《しゅようき》を首相に抜擢して以降は、一層その傾向が強まりました。

対するアメリカ側も、1996年11月5日の大統領選で再選を果たしたクリントンは、対中ビジネス一直線とも言える姿勢になっていきます。直後の同月24日に、マニラAPECで行った江沢民主席との米中首脳会談で、両首脳の相互訪問を約束します。そして、まず江沢民主席が、翌1997年10月26日から11月3日まで9日間も訪米。クリントン大統領も、翌1998年6月25日から7月3日まで、やはり9日間も訪中しました。

クリントン大統領の訪中は、「最重要の二国間関係」と公言していた同盟国・日本の頭ごなしに行われたため、日本政府に衝撃を与えました。しかし日本以上に衝撃を受けたのが台湾でした。クリントン大統領は、6月30日に上海で行った対話集会で、「アメリカは台湾独立を支持しない。一つの中国と一つの台湾、または二つの中国を支持しない。台湾の国際機関への参加も支持しない」と言明したのです。いわゆる「3つのノー」です。

江沢民政権は、アメリカだけでなく、新生ロシアとの友好関係も構築していきます。1996年4月にボリス・エリツィン大統領が訪中し、両大国は戦略的パートナーシップ関係を結びました。中国がこうした関係を外国と結んだのは初めてです。その後、2004年10月に4374㎞の中ロ国境を完全に画定させ、「後顧《こうこ》の憂《うれ》い」をなくしたことで、中国は台湾問題に集中できるようになりました。

また、１９９７年７月１日の香港返還は、江沢民政権にとって大きな自信となりました。香港返還の最大の立役者は鄧小平です。しかし鄧小平は、香港返還の５ヵ月前に死去したため、江沢民は「漁夫の利」のように香港利権を手にしたのです。返還時の初代の行政長官にも、上海時代からの友人である元上海人の董建華《とうけんか》を抜擢。忠誠を示す香港の財閥企業に、次々と中国国内の利権を与えていきました。

江沢民政権は台湾に対しても、台湾海峡危機などウソのように微笑外交を仕掛けます。１９９６年８月に台湾海峡海運監理弁法を定めて、台湾企業の誘致を加速化させます。実際、同年末までに、累計３万５０００件を超える台湾企業の大陸投資が実現しました。

こうした中、李登輝政権は、中国の動きを「以商囲政《いしょういせい》」（商業でもって政治を囲う）「以民《いみん》逼官《ひっかん》」（民をもって官を逼迫《ひっぱく》させる）などと非難し、「戒急用忍《かいきゅうようにん》」（急ぐことを戒め忍耐を用いる）を台湾企業に呼びかけます。すなわち、不用意に中国大陸への進出や投資を行わないようにということです。１９９７年７月からは、５０００万ドル以上の中国大陸への投資案件は許認可制としました。

李登輝総統は同時に、「台湾独立志向」のレベルを上げていきます。まず前述の総統就任演説で、「私たちは台湾独立の路線を採択する必要もなければ、そうする可能性もない」

と述べます。これは一見すると、中国にとって喜ばしい主旨に聞こえますが、その真意は、「すでに独立国家なのだから、わざわざ新たに独立を叫ぶ必要はない」ということなのです。かつ中国側が期待した「一つの中国」には、言及しませんでした。「李登輝チルドレン」と言われる現在の蔡英文総統も、まさに同じ路線を貫いています。

１９９７年７月22日には、国家統一委員会の閉幕にあたり、直前に実現した香港返還を意識した特別談話を発表します。そこで、「統一はすでに実践の過程において失敗が証明されている共産制度、あるいはいわゆる『一国二制度』によるものであってはならない」と釘を刺しました。その上で、「民主制度によって両岸の３地域（大陸・台湾・香港）をまとめよう」と呼びかけたのです。こうした考えは、後に馬英九《ばえいきゅう》国民党政権が引き継ぎます。

## 『台湾の主張』『ドイツの声』を通して勝負

李登輝総統は１９９８年12月20日、台湾省を「凍結」しました。これは「台湾独立」に向けた重要な一歩です。蒋介石・経国父子時代の台湾は、「中華民国という中国大陸全体を統治する国家の一時的な避難場所」というのが公式見解でした。この見解は李登輝時代にも踏襲《とうしゅう》されましたが、李登輝政権はこれを換骨奪胎《かんこつだったい》させていったのです。

私は１９９７年に国民党本部を訪問した際、「四川省長」にお目にかかったことがあります。その老人は、1949年に四川省から台湾に避難して以降、一度も四川省に足を踏み入れていないにもかかわらず、半世紀近くも台湾で「四川省」を率いてきたのです。台湾では同様のことが、中国全土について行われてきました。

その中で、最も無駄なのが台湾省です。現実には、中華民国は台湾しか統治していないので、中華民国と台湾省の統治が、ほぼ丸ごと二重行政になってしまうからです。蔣父子時代には、少しでも二重行政を緩和しようと、台湾省政府を台北市から中部の南投県に移転させたり（1957年）、2大都市の台北市（1967年）と高雄市（1979年）を政府直轄《ちょっかつ》市に格上げして台湾省から切り離したりしましたが、弥縫策《びほうさく》に過ぎません。

そこで李登輝総統は、思い切って台湾省を「凍結」してしまったのです。台湾では「凍省《とうしょう》」と呼びます。実際には、1994年に初めて行った台湾省の省長直接選挙を、1998年は止めて「塩漬け」にしました。「凍結」であって「廃止」にしないところが李登輝政治の真骨頂《しんこっちょう》です。その後、「李登輝チルドレン」の蔡英文総統が、2018年末をもって台湾省の予算をゼロにし、事実上の廃止にしました。

李登輝総統は退任直前の1999年、国際的な窮地《きゅうち》を打開しようと二つの勝負に出ます。一つは、1993年に司馬遼太郎と対談して以降、一定の影響力を保持できるようになっていた日本を「再利用」したことでした。1999年5月20日、日本で初の著書『台湾の主張』を出版したのです。

この本は、大判の単行本だったにもかかわらず、15万部のベストセラーになりました。普通、世界の著名な政治家の回顧録というのは引退後に出版するものですが、李登輝総統はあえて退任の一年前に出しました。しかも自国ではなく、日本でです。それは「次期総統への伝言」と、アジア全体に流布させるという二つの目的があったためと思います。

最終章の「二十一世紀の台湾」では、「二〇〇〇年に新総統となる人物の条件」という一項を置き、こう述べています。「新総統は『新しい台湾人』を基礎として、新しい時代を開いていく人物でなければならない」

「次期総統は連戦《れんせん》副総統」と言っていないところがポイントです。このことは後述します。『台湾の主張』に、中国は猛反発しました。しかも中国が最も強く反発したのは、おそらく李登輝総統本人が思ってもいなかった箇所でした。第7章「台湾、アメリカ、日本がアジアに貢献できること」で、サラリと述べた以下のくだりです。

「理想的なことをいえば、台湾は台湾でアイデンティティを確立し、チベットはチベットで、新疆は新疆で、モンゴルはモンゴルで、東北は東北で自己の存在を確立すれば、むしろアジアは安定する。中国は広大な大中華から脱して、七つくらいの地域に分かれて互いに競争した方がよい」

中国は紀元前の戦国時代、「七雄」と呼ばれた7つの国が覇《は》を争っていました。その頃のように「7国に分裂せよ」ということは、台湾で独立派グループが唱えていました。そうした議論を、あまり意識することなく口にしたのだと思います。しかし台湾統一を国是にしている中国にとっては看過できないことで、再び激しい李登輝批判が起こりました。

中国がさらに反発を強めたのが、李登輝総統が同年7月9日、『ドイツの声』とのインタビューで語った「二国論」でした。「両岸関係は特殊な国と国との関係」と断言したのです。中国側の主張であり、台湾でも蔣介石父子の時代に主張してきた「一つの中国」からの決別宣言でした。このインタビューの回答の原案を作成したと言われたのが、李登輝政権の法律顧問を務めていた蔡英文東呉《とうご》大学教授でした。現在の中華民国総統です。

## 共産党と人民解放軍の強い反発

7月15日、中国人民解放軍の機関紙『解放軍報』は、猛烈な反発の意思を示しました。「李登輝の祖国分裂の罪悪的謀略に直面し、全軍の指揮者と戦闘員がこの上なく憤慨《ふんがい》している。われわれは一貫して平和的な統一を主張してきたが、武力使用を放棄したことは、いまだかつてない」

23日には、全国人民代表大会外事委員会の責任者が特別談話を発表しました。

「李登輝は民族の利益に反して、台湾同胞の福祉と前途を賭博《とばく》にした。両岸関係を『国と国の関係』と明白に定義したことは、国家を分裂させる道に進んだ十分危険な一歩だ」

翌8月下旬、人民解放軍空軍は、初めて高地での地対空ミサイルの実験を行い、海軍は台湾島の北部海域で大規模演習を行いました。9月初旬には、北京軍区、済南軍区、瀋陽軍区の特殊部隊と偵察部隊が山東省で、台湾上陸を想定した初の合同軍事演習を行います。同時期、南京軍区と広州軍区の陸海空三軍と第二砲兵部隊、それに民兵予備役部隊まで駆り出して、浙江省と広東省の沿海で、大規模な上陸演習を行いました。

まさに、1996年3月の台湾海峡危機の再来かと思われましたが、そうはなりませんでした。その理由は、同年5月7日、コソボ紛争に絡んで、アメリカ軍がベオグラードの中国大使館を爆撃し、29人の死傷者を出した問題で、中国国内が騒然となっていたからです。何より揉《も》め事を嫌う性格の江沢民主席は、これ以上の混乱を避けたかったのです。

李登輝は2000年5月20日、77歳で総統を退任しました。翌年4月には、岡山で心臓バイパス手術を受けるという名目で、現役時代に訪問できなかった日本訪問を果たし、熱烈な歓迎を受けます。親台派の森喜朗政権との阿吽《あうん》の呼吸によって実現したもので、「人道目的」を前面に出して中国側の反発を振り切ったのです。訪日の4日後には小泉純一郎政権に代わり、親中派の田中真紀子外相が就任したので、ギリギリのタイミングでした。

私は、李登輝総統と親しかったノンフィクション作家の故・上坂冬子氏の自宅で、お手製のサンドイッチをご馳走になったことがありますが、こんな李登輝評を述べていました。

「あの方は日本語が堪能《たんのう》なので、日本人を惹《ひ》きつける能力は抜群だけど、よくも悪くも政治家よ。自分の言動が、周囲にどのような影響を与えるかを、常に綿密に考えながら行動している。そしてその時々に応じて、自分の権限拡大を図っていく。きっと若い頃から、厳しい政治環境で苦労したため、そのような政治的本能を身につけたんだわ」

李登輝は、退任後も台湾政界と日本で、隠然たる影響力を保持し続け、２０２０年７月29日、97歳で逝去しました。この時も、森喜朗元首相や、安倍首相の実弟である岸信夫・日華議員懇談会幹事長（菅義偉内閣の防衛相）らが、真っ先に弔問に訪れています。

# 第7章 陳水扁vs江沢民、胡錦濤

## 2000年〜2008年

### 李登輝後継の総統選で国民党が分裂

三国志の故事に、「死せる孔明、生ける仲達を走らす」という言葉があります。劉備玄《りゅうびげん》徳《とく》の忠臣だった諸葛孔明《しょかつこうめい》は、自分の死後のことまで考え、死後に敵方の曹操《そうそう》の手下の司馬《しば》懿仲達《いちゅうだつ》を撤退させたという史実を指します。2000年3月18日に行われた中華民国総統選挙の「影の主役」も、まさにその2ヵ月後の退任が決まっていた李登輝総統でした。結論を先に言えば、1949年から半世紀以上にわたって台湾に君臨してきた国民党が、ついに下野したわけですが、その先導役となったのが、それまで12年にわたって台湾社会を大きく変貌させた李登輝総統だったのです。

いまから振り返れば、政権末期の李登輝総統は、差し迫った総統選挙で誰を勝たせるのが台湾にとってベストか、逡巡《しゅんじゅん》したと思います。有力候補者は3人いました。

第一は、長年の部下で、ナンバー2の副総統を務めてきた連戦《れんせん》です。連戦総統を誕生させた場合のメリットは、自分がある程度の院政を敷けることですが、逆にデメリットは、蔣介石・経国時代の亡霊のような国民党長老たちの復活です。

李登輝政権の末期、総統と副総統の関係はぎくしゃくしていました。李登輝からすれば、連戦という政治家は物足りなく映ります。いわゆる「指示待ち型」で、自己の政治哲学やリーダーシップに欠けるからです。一方、連戦副総統の方も、中国側が指摘するように李登輝が「民族の逆賊」と映り、自分と肌感覚が合う国民党長老たちへ靡《なび》いていました。こうしたすれ違いがあったからこそ、李登輝は総統戦の前年に日本で出版した『台湾の主張』に、あえて後継者名を出さなかったのです。そのこと自体が連戦を否定しているわけです。

しかも同書では、国民党で連戦の次の世代の代表格である馬英九台北市長（当時）には熱いエールを送っています。連戦はショックを受け、この本によって李登輝との決別を決意したのではと私は勘繰《かんぐ》っています。また李登輝が政権末期に唱えた前述の「二国論」も、連戦の考えと相容れないどころか、政敵の民進党を勢いづかせることになりました。

第二の候補者は、やはり自分の長年の部下だった宋楚瑜《そうそゆ》です。1988年に李登輝が中華民国総統と国民党主席を継承した際、誰よりも尽力してくれたのが党副秘書長だった宋楚瑜でした。1942年湖南省生まれの外省人ですが、アメリカ生活が長く、蔣経国総統の英文秘書に雇われたことから政界入りします。

李登輝総統は1993年に連戦を行政院長に、翌年に宋楚瑜を台湾省長に押し込みました。ところが1998年に「凍省」（台湾省の機能凍結）を断行し、これに反対した宋楚瑜省長と軋轢《あつれき》を生みます。宋からすれば、「自派」として培ってきた台湾省人脈をごっそり消されたのですから、不満は当然です。1999年8月の国民党大会で、次期総統の公認候補に連戦副総統が選ばれると、宋楚瑜は国民党を離脱し、無所属で出馬したのです。

宋楚瑜は台湾在住の日本人たちが「台湾の田中角栄」と呼ぶ大衆的人気を誇る政治家でした。私は2004年の総統選挙の取材中、宋楚瑜の演説を聞いて抱腹絶倒《ほうふくぜっとう》しました。「陳水扁総統のカミさんは株が大好き。寝ても覚めても頭の中はカブ、カブ。しかも彼女が買った株は翌日10倍にハネ上がり、翌々日には100倍にハネ上がる。不思議ですね～。私やあなたが買った株は、陳政権のおかしな経済政策のために下がりっ放しなのに」

もしも国民党の側が候補者を一本化できていたなら、2000年3月の総統選挙で引き続き勝利できたと思います。しかし連戦と宋楚瑜の両者を出馬させ、国民党を分裂に導くというのが、李登輝総統の深謀遠慮《しんぼうえんりょ》だったようにも見えます。

## 重々しい気分だった陳水扁市長へのインタビュー

国民党分裂によって漁夫の利を得たのが、当初は本命候補でなかった民進党公認の陳水扁でした。陳水扁は1950年、台湾南部の台南県西庄村の貧農の息子に生まれました。2000年に出版した自伝『台湾之子』によれば、「借金や利息が家の壁一面にチョークで書いてあった」。艱難辛苦《かんなんしんく》の末、台湾大学高学部を経て法学部にトップ合格し、在学中に司法試験にもトップ合格を果たします。台北出身の呉淑珍《ごしゅくちん》夫人とは、学生時代に恋愛しました。夫人の実家を訪れた際、「初めて冷蔵庫を見た」と告白しています。

1969年、黄信介台北市議の演説を聞いて、左派の弁護士を目指します。1979年、前述の「美麗島事件」の弁護団に加わったことから、1981年に「党外人士」(非国民党候補)として台北市議選に出馬。最高得票数で当選を果たしました。

この左派のエリート弁護士の人生に挫折が訪れたのは、1985年。故郷の台南県知事選に出馬した際、「白色テロ」に遭ったのです。選挙事務所にトラックが突っ込み、本人は無事でしたが、呉淑珍夫人が首から下が動かない全身不随になってしまいました。

その翌年に民進党が創建された際には、創建メンバーとなり、1989年の立法院（国会）選挙に初当選を果たします。1994年には初めて直接選挙となった台北市長選に立候補し、見事に当選しました。しかし市長として十分な実績を残せず、再選を目指した1998年の市長選では、国民党のホープ、馬英九に敗れました。

私は1997年5月、台北市長のオフィスで、陳水扁市長にインタビューしたことがあります。「市長は酒・タバコ・麻雀・カラオケ・ゴルフなど一切やらない真面目な方で、取材もほとんど受けません」と秘書から言われましたが、2時間取ってくれました。

私は最初に、「本日遠く日本から参りましたのは、次期総統の呼び声も高い陳市長に、日台関係の将来も含めて幅広くお話を聞きたく思ったからです」と挨拶しました。すると陳市長は、顔色一つ変えずにピシャリと言い放ちました。「私は台北市長であって、中華民国総統ではありません」。そしてのっけから、重苦しい沈黙です。

私は続けました。「日本では、昨年の総統選挙の折に、中国側が台湾海峡でミサイルの発射実験などをやって台湾を威嚇したことが、大きな衝撃をもって伝えられました。陳市長は、現在の李登輝総統が取っている中国大陸政策、及び中国大陸側が取っている台湾政策を、どう見ていますか？」

すると陳市長は、「いま言ったように、私は台北市長であって中華民国総統ではありません」と一言。そして再び、重い沈黙です。

「では台湾のことを伺います。最近、台湾メディアは、国民党主席である李登輝総統と、政敵である民進党幹部である陳市長との、党派を超えた蜜月《みつげつ》ぶりを伝えています。李総統と台湾の将来についてどのような議論をなさっているんですか？」

「李登輝先生は中華民国総統で、私は台北市長です。互いに台北で活動しているので、公の席でご一緒することはあります」

そして三たび沈黙。すると横から市長の秘書が、「台北市の政策を質問しては？」と私に囁《ささや》きました。私は肯《うなず》いて、「この2年半の陳市長の実績は何ですか？」と質問しました。

「目抜き通りに街路樹を植えました。公道のゴミをなくしました。ミニバイクの運転手にヘルメットの着用を義務づけました。違法風俗店を摘発しました……」

やはり表情一つ変えず、まるで優等生の学生が教科書を暗唱しているような物言いでした。思わず私は、「水清即無魚《シュイチンズーウーユイ》（水清ければ魚棲まず）という中国の諺《ことわざ》もありますが」と突っ込みを入れてしまいました。するとは陳市長は渋面《じゅうめん》になり、再び沈黙です。

結局、この政治家には何を聞いても無駄だと悟《さと》り、1時間ほどで切り上げました。秘書がお土産に文鎮《ぶんちん》をくれましたが、心まで重々しい気分でした。

陳水扁という政治家と対面して、私が想起したのは、台南を代表する陳市長の郷土料理の担仔麵《タンズミエン》でした。見かけは具だくさんなのに、箸《はし》をつけると淡泊な味がする小碗に盛られた担仔麵。しかし台南の田舎料理に過ぎなかった担仔麵が、いつのまにか台湾料理の代表格にのし上がったように、陳水扁も2000年3月18日、総統選挙に勝利したのです。民進党の陳水扁497万票、無所属（総統選直後に親民党を創建）の宋楚瑜466万票、そして国民党の連戦は292万票でした。連戦は無所属の宋楚瑜にも遠く及びませんでした。

## 就任演説での「四不一没有」宣言

陳水扁新総統はコンビを組む副総統に、かつて月刊誌『美麗島』の副社長を務め、投獄もされた著名な「女闘士」呂秀蓮《ろしゅうれん》を指名しました。陳総統より6歳年上の姉御《あねご》肌で、この「水蓮コンビ」が8年間、総統府の「主人」となります。

李登輝総統は敗戦の責任を取り、国民党主席を辞任。翌年には国民党から除籍されます。しかし、内心ではしてやったりではなかったでしょうか。1945年の日本の敗戦以降、55年にわたって台湾に君臨した国民党を、内部からブチ壊し、下野に追い込んだのです。台湾では、民進党の「党色」がグリーンであることから「緑色革命」と呼ばれ、全土が興奮に包まれました。日本メディアも「緑色革命」をセンセーショナルに報道しました。

しかし私は「緑色革命」にエールを送りながらも、暗澹《あんたん》たる思いが拭《ぬぐ》えませんでした。「文鎮総統」が台湾を発展に導いていけるとは、とても思えなかったからです。加えて、李登輝のような老獪《ろうかい》さも持ち合わせていないため、中台関係も迷走が予想されました。

当時の台湾では「2005年問題」が取り沙汰されていました。5年後に中台の軍事力が逆転するので中国が台湾を武力攻撃するという危惧です。幸い現在に至るまで武力攻撃はないものの、中国が軍事大国化して台湾が危険になるという意味では的を射ていました。

2000年5月20日、陳水扁は第5代中華民国総統に就任しました。世界が注目した就任演説は長文で、「21世紀の到来を間近に控え、台湾人民は民主的な選挙によって歴史的な政権交代を完成させた」と民主を強調する文言から始まりました。そして「台湾は起ち上がる、民主の信仰と国家の尊厳と夢想の実現に」と高らかに謳い、「全民政府」「清流共治」などの理想を延々と説いた後、最後の方でこう強調しました。

「中国共産党が台湾に対して武力行使に出ないならば、私は自分の任期のうちに保証する。独立を宣布しない。国号を変えない。二国論を憲法に入れようとしない。現状を変える独立の住民投票を推進しない。そして国家統一綱領と国家統一委員会の問題を除去しない」

これが有名な「四不一没有」（4つのノーと1つのない）です。本人は20年後、『産経新聞』（2020年4月11日付）に、「四不一没有」についてこう吐露《とろ》しています。

「はっきり言って私の本音ではなかった。でも中国との軍事的緊張を緩和させ、米国を安心させるためにはそう言わざるを得なかった。政治には妥協がつきものだとつくづく思った。実は、中国側とも水面下で交渉していた。当時の中国の最高指導者、江沢民氏の後見人といわれた汪道涵《おうどうかん》氏から特別ルートを通じてメモが渡されていた。『一つの中国』原則と『両岸の人民はともに竜の子孫』の二つのくだりを入れてほしいと書いてあった。『一つの中国』原則を認めたくないので、『将来、一つの中国の問題について一緒に解決していきたい』という表現にした。『竜の子孫』に関しては『そもそも竜は存在しないものので、その子孫はいないだろう』と思い、『両岸の人民の血はつながっており、共同の歴史と文化を有す』という言葉に変えた」

陳水扁新総統が本当に言いたかったのは、自著のタイトルであり、就任演説でも述べていた「台湾之子」（台湾の子）という言葉だったと思います。つまり、中華民国憲法にある「35省を統括する総統」ではなく、「台湾だけの総統」ということです。

## 「小三通」を条件付きで解禁

このように就任演説は、自分の理想とする台湾像を滔々《とうとう》と述べた美文でした。しかし、現実の政治課題を前に、「清濁併《せいだくあわ》せ呑《の》む」ことのできない新総統は迷走していきます。

まず、行政院長（首相）に、台湾唯一のノーベル化学賞受賞者の李遠哲《りえんてつ》博士を抜擢しようとしますが、固辞され、「全民政府」を唱えた手前、国民党の唐飛《とうひ》を起用します。しかし、「核四問題」（台湾第四原子力発電所建設問題）で、総統と行政院長が原発反対と賛成に割れたため、わずか4ヵ月で辞任しました。その後も、立法院では国民党と親民党の反対に遭って各法案が頓挫《とんざ》。与党・民進党内でも公然と陳総統への批判が出る事態となりました。多くが国民党員である官僚も不作為を決め込み、経済は停滞していきます。

そんな中、2002年8月2日、陳水扁総統は勝負に出ました。李登輝前総統が1999年に述べた「二国論」の延長として、「一辺一国論」をブチ上げたのです。世界台湾同郷聯合会第29回東京年会での談話で、要約すると次のように述べました。

「台湾はわれわれの国家であり、欺《あざむ》かれたり、矮小化《わいしょうか》・辺境化・地方化されたりしてはならない。台湾は他人の一部分ではなく、他人の地方政府でもなければ、他人の一省でもない。台湾を第二の香港・マカオにしてはならない。なぜなら台湾は一つの独立主権国家だからだ。簡単に言えば、台湾と対岸の中国は、『一辺一国』と明確に分かれているのだ」

重要な発言をする際に日本を利用する手法は、李登輝流を真似たものです。もしかしたら、李登輝総統の法律ブレーンから転じ、陳水扁政権で中台関係を担当する行政院大陸委員会の主任委員に昇格していた蔡英文（後の総統）の入れ知恵だったかもしれません。

中国側は反発しましたが、台湾側が予期していたよりも小さいものでした。それは北京が同年11月、江沢民総書記から胡錦濤総書記へバトンタッチする重要な第16回中国共産党大会を控えていたこと。もう一つは、中国が国際的な「追い風」を受けていたからです。

中国は2001年7月、モスクワで開かれたIOC（国際オリンピック委員会）総会で、7年後の北京オリンピック開催を獲得しました。同年末には、16年にわたる交渉の末、悲願だったWTO（世界貿易機関）加盟を果たします。台湾が加盟するのは2009年です。

また、2001年のイスラムテロ組織「アルカイダ」による「9・11事件」を契機に、ジョージ・W・ブッシュJr.米政権は「テロとの戦争」を掲げます。同年11月にアフガニスタン戦争を起こし、翌年1月の一般教書演説でイラク・イラン・北朝鮮を「悪の枢軸《すうじく》」と呼び、翌2003年3月にはイラク戦争を起こしました。そうした中、中東での戦いに勝利するため、中国を味方につける必要があったのです。そのため、陳水扁総統の「一辺一国論」に対して、水面下では中国よりもアメリカの方が反発が強かったほどでした。

この時期、台湾の経済界は、中国ビジネスにひた走ります。古今東西、「民間は政府に先んじる」もので、陳政権は2001年正月から、民間に押されて「小三通」を条件付きで解禁しました。台湾側が実効支配している中国大陸寄りの金門島・馬祖島に限って、中国大陸との「通信・通航・通商」を認めたのです。

続いて、2003年1月には、春節時の中国大陸とのチャーター便を認可しました。1

月26日、53年ぶりに台湾の中華航空機が、台北から上海に向けて飛び立ちました。この時は、計16便が中台間を結びました。また同年10月９日には、１９９2年に制定した両岸関係条例を改正し、台湾人の大陸訪問を許認可制から申告制に緩和しました。

自らの再選を賭けた総統選挙を半年余り後に控えた２００3年8月12日、陳水扁総統は民進党の中央常務委員会で、「『一辺一国論』と住民投票は党の魂である」と述べ、この二つを総統選挙の中心に据える決意を示しました。直後の23日には、李登輝前総統が、「台湾正名運動連盟」の集会でスピーチし、「中華民国はすでに存在しない」と言明します。「正名運動」とは、「台湾を中国や中華でなく台湾と呼ぶ運動」で、中国側は「台湾独立に直結する暴挙」と警戒していました。

同年9月、台湾の外交部は、「ＴＡＩＷＡＮ」の文字を明記したパスポートを発行。また中学高校の歴史教科書で中国史を「世界史」に移し替える大綱を発表します。

陳水扁総統は9月29日、民進党創建17周年式典で、「民進党20周年の２００6年に台湾新憲法を制定する」とブチ上げました。続いて11月11日には、「２００6年12月10日の世界人権デーに新憲法制定の住民投票を実施する」と述べました。李登輝前総統は6回、憲法を改正しましたが、陳総統が掲げたのは、「改正」でなく「制定」です。これを政敵の連戦国民党主席は、「『改正』でなく『革命』だ」と非難しました。

11月30日、陳総統は「台湾から600㎞圏内の中国大陸沿岸に、計496発の弾道ミサイルが配備されている」と述べ、これを阻止する住民投票の正当性を訴えます。中国側が驚いたのは、台湾の総統の口から、初めてミサイルの具体的な数が飛び出したことで、中国国内の「台湾スパイ狩り」に必死になります。中国のミサイルは地下に隠されているため、衛星で捉えるのは困難で、内部に通報者がいたわけです。

## 2004年、台湾総統選取材レポート

そんな中で行われた2004年3月20日の台湾総統選挙で、陳水扁総統と呂秀蓮副総統は再選を目指しましたが、下馬票では不利が伝えられていました。野党・国民党は連戦主席が再び総統候補に立ちます。前回との違いは、親民党の宋楚瑜主席を副総統候補に据え、「連宋コンビ」として合体したことでした。おそらく、2008年の総統選挙では国民党が宋楚瑜を後任の総統候補にするという密約があったのだろうと思います。

私は選挙の約2週間前に台北入りしましたが、台湾は「緑」（民進党）と「青」（国民党）に分かれて熱気ムンムンと思いきや、意外なほど静かでした。偶然ですがこの時、ヨン様（韓国の俳優ペ・ヨンジュン）が訪台中で、その熱気が完全に総統選挙を上回っていました。テレビはまるでヨン様にハイジャックされたかのようで、「ただいまヨン様が酸辣湯《ステンラータン》を

おいしいと召し上がりました」といったことが緊急ニュースで流れます。すると台北各地のレストランが「ヨン様が召し上がった酸辣湯あります」と書いた張り紙を店の入口に張り出すといった具合です。「ヨン様に多額の献金をして『あなたを支持する』と言ってもらえば、総統選挙は終わりさ」と、知人の台湾人ジャーナリストは肩をすぼめました。

思えば4年前は、「国が割れる」とはこういうことを言うのだと実感するほど、「青対緑」の壮絶な戦いが全島で繰り広げられていました。特に「緑の熱狂」が強烈で、レストランから薬局まで、わざわざ緑色の文字でメニューなどの張り紙を掲げていたほどでした。

それが2004年の時は、冷ややかでした。「民進党政権になったら生活がよくなると思ったが、この4年期待外れだった」というのが、大方の台湾人の心情でした。日本で言えば、2009年に民主党政権が誕生した後、期待外れだったようなイメージです。台湾で経済界の一部は潤《うるお》っていましたが、それは皮肉にも、陳水扁政権と対立する中国とのビジネスにのめり込んだからでした。こうした台湾人の「しらけムード」は、やがて「中国への無関心」という内向き志向に変わっていきますが、そのことは後述します。

興味深かったのは、選挙用のテレビCMです。国民党のCMでは、台湾のオフィスビルが突然倒壊し、瓦礫《がれき》の山の中から血塗られた背広姿の男が這《は》い出てきてつぶやきます。「こんなはずではなかったのに……」。そこに「陳水扁は危険です」というロゴが入り、連戦

&宋楚瑜コンビが微笑みます。陳水扁民進党政権が続けば中国の攻撃を受けるというわけです。この「戦争バージョン」は、台湾の母娘が戦争の犠牲になるものもありました。

一方、民進党のCMは、香港の貧民窟《ひんみんくつ》で、瀕死《ひんし》の香港人が語りかけます。「どうか台湾は私たちの二の舞にならないように」。香港式の「一国二制度」を認めると、悲惨な末路が待っているという警告です。このCMは現在にも通じるものがあります。

私はまず、「改変就有希望」（改変こそが希望）を掲げた国民党・親民党合同選対本部へ行って、龐建国《ほうけんこく》報道官（親民党）に話を聞きました。

「陳水扁政権の最大の失政は、アメリカと日本という最重要の2ヵ国に何の人脈も築いてこなかったことだ。ワシントンは陳水扁を『左翼の民族主義者』と呼んでいるし、対日外交は李登輝に全面的に頼っている。

陳水扁政権はまた、中国大陸を敵と捉えている。われわれは共存共栄を求める相手と捉え、『大和解政策』を実行していく。2008年に北京オリンピックを控え、2010年に上海万博を控えた世界一の成長市場と敵対するなど愚《ぐ》の骨頂だ。いまは、憲法改正だ住民投票だと『動く時』ではなくて、中国が徐々に民主化していくのを『待つ時』なのだ」

一理ある言葉だと思いましたが、この時、一つ驚いたことがあります。それは国民党・親民党本部の人たちから、総統選挙の民間賭博を勧められたことです。「台湾では総統選挙の投票率より民間賭博の投票率の方が高いので、一儲けして帰れる」というのです。もちろん違法行為ですが、台湾社会の一断面を垣間見た気がしました。

続いて訪れた「相信台湾　堅持改革」（台湾を信じて改革を堅持する）をキャッチフレーズに掲げた民進党選対本部では、呉乃仁《ごないじん》副幹事長に話を聞きました。こちらで驚いたのは、私が中国語でインタビューしようとすると、「台湾語の通訳を入れてほしい」と言われたことです。「『台湾の子』である自分たちは台湾語しか話さない」という矜持《きょうじ》でしょう。

「いまの民進党と国民党は、内政に関する相違点はほぼなく、台湾防衛か中国との接近かという一点を争点にして、総統選は行われる。われわれは台湾を防衛しているが、決して中国大陸と敵対しているわけではない。実際、両岸貿易は増加の一途だ。また国民党は『陳水扁政権4年の失政』と言うが、それはこれまで半世紀以上の残滓《ざんし》として、ほとんどの公務員がいまだに国民党員だからだ。これから4年で行う憲法改正は慎重に進めていく」

こちらも、言われればなるほどと思います。続いて、「台湾最大の新聞」に成長し、「民進党機関紙」とも揶揄《やゆ》される『自由時報』の創業者・呉阿明《ごあめい》会長に話を聞きました。李登輝世代の呉会長は、日本人と変わらない日本語を話しました。

「いまの台湾を象徴するキーワードは『悲哀《ひあい》』です。私は20歳まで日本人で、日本帝国海軍傘下の会社勤めをしている時に玉音放送を聞きました。これで台湾語を話す祖国を建設できると思いきや、すぐに国民党が入ってきて、中国語を強要しました。それからまた半世紀、『統治された社会』です。他国に支配されたことのない日本人に、台湾人の『悲哀』が分かりますか？

わが社の1800名の記者たちに求めているのは、『台湾人の良心に照らして台湾のためになると思うことだけを書け』という一点です。ウチは民進党の機関紙なんかではありません。現に4年前は国民党を支持していました。例えば世論調査なんかいくらでも操作できるので、始めからやらない。先日、馬英九台北市長が訪欧した際も、唯一自費出張させました（他社は台北市が記者たちの費用を負担した）。

現在の台湾は、民主化も未熟、陳水扁政権も未熟。2期目の陳水扁政権に課せられているのは、台湾独立ではなくて『台湾の自立』なのです」

## 「陳水扁政権を応援しているが物足りなくて仕方ない」

三たび納得です。最後に訪問したのは、台北北郊にある李登輝前総統の自宅でした。インタビューを申し込んだら、午前中の時間を全部空けてくれたのです。自分の主張が日本で大きく取り上げられ、それが台湾にブーメラン効果を生むとの計算もあったのでしょう。

李前総統はこの時、再び「時の人」になっていました。それは選挙直前の2月28日、「二・

二八事件57周年」を記念して、前代未聞の「人間の鎖《くさり》デモ」を呼びかけ、成功させたからです。これは台湾を南北に縦断する487㎞を、2月28日午後2時28分に100万人の人間が手をつなぎ、中国大陸のミサイル配備に抗議しようというイベントです。李登輝前総統と陳水扁総統が呼びかけ人となり、当日は200万人もの台湾人が参加したのです。これは台湾だけでなく、世界的なニュースになりました。

李登輝前総統が隠居していたのは、蔣介石元総統が1975年に死ぬまで住んだ「士林《しりん》官邸」の北側を流れる外双渓《がいそうけい》沿いの、当人曰《いわ》く「奥の細道」の先にある白亜の豪邸でした。中庭では7羽のシベリア鴨《がも》を飼っていて、1階の応接間には白の胡蝶蘭《こちょうらん》が溢《あふ》れていました。「やあ、ようこそ」と日本語で言って当人が現れた時、司馬遼太郎が『台湾紀行』に書いた描写が脳裏を掠《かす》めました。「容貌は下顎《かがく》が大きく発達し、山から伐《き》りだしたばかりの大木に粗っぽく目鼻を彫ったようで、笑顔になると、木の香りがにおい立つようである」

名刺交換すると、ただ「李登輝」と大きな金文字で入っていて、住所も電話番号も書かれていません。続いていただいた凍頂烏龍茶《ドンディン》の馥郁《ふくいく》たる味といったらありません。私は杭州郊外の龍井《ロンジン》を始め、中国大陸の「茶所」は各地回りましたが、後にも先にもこんな舌にまとわりつくような嫩淡《ねんたん》な銘茶は飲んだことがありません。

私が習慣的に、「テープを録《と》ってもいいですか?」と聞くと、「当たり前でしょう、ここは中国大陸と違って自由の国なんだから」と先制パンチが飛んできました。以下、2時間以上にわたって様々なことを聞きましたが、その主張を要約すると以下の通りです。

「最近、時間と空間が変わってきた。例えば中国のこれほどの台頭は予想外だった。1・5億人の平均GDPが5000ドルを超えると、中国ばかりか世界の基本が変わってくる。

そんな中で2期目の陳水扁政権に求めるのは、新憲法の制定だ。現行の中華民国憲法は、国民党が抗日戦争直後の1946年に中国大陸で作ったもので、いまの台湾人の身の丈に合わない。日本人は何でも複雑に考えるが、要は米櫃《こめびつ》の中にイモが入っていれば、『コメ』というラベルを剝《は》がして『イモ』というラベルに貼り替えるということだ。だから新憲法を制定し、堂々と国連に加盟したらいいんだ。だって、『わが国に5000km以上連なる偉大なる万里の長城は……』なんて唱えても、『そんなの台湾と関係ないよ』と答えるのが、いまの台湾人だからね。

胡錦濤率いる中共（中国共産党）はいろいろ脅《おど》してくるけど、気にすることはない。胡錦濤は6000万人の中共のトップにしがみつくのに精一杯だし、中国の経済発展にはアメリカのバックアップが不可欠ということも熟知していて、身動きが取れないからだ」

総統という重責を降り、年齢も80歳を超えて、もうこれからは直言居士《こじ》になるという開き直りのようなものを感じました。それから直接的には言いませんでしたが、「陳水扁総統を応援しているが物足りなくて仕方ない」という気持ちが滲《にじ》んでいました。例えば、一国の最高権力者として重大な決断を下す時の気持ちを聞いたところ、こう答えました。

「人間、最後は信仰の力なんだ。ブッシュ大統領がイラク戦争を決断したのも、信仰の力でしょう。指導者はこの力がないと大きな決断ができない。フラフラして、国民を不幸にしていく。そういう政権を見ていると、『もっとしっかりやれよ』と言いたくなる」

李登輝前総統は、「22歳まで日本人だった私には、武士道を忘れたいまの日本人が情けなくて仕方ない」と言って、日本への「説教」も多々述べましたが、それは省略します。

## 台湾人の悲哀が民進党に勝たせた

陳水扁総統の方針について、私には理解不能のことが一つありました。それは総統選挙と同時に、住民投票を行うことに固執した点です。住民投票の用紙のコピーを入手し、その2枚の紙に記された112文字の漢字を、何度も反芻《はんすう》してみました。

**全国性公投票①** 台湾人は、台湾海峡の問題を平和的に解決することを堅持します。もしも中国共産党が、台湾に弾頭が向いたミサイルを撤去《てっきょ》せず、台湾への武力行使を放棄しないのであれば、あなたは政府がミサイル防御の装備をさらに購入し、台湾が自己防衛能力を強化することに同意しますか？

**全国性公投票②** あなたは政府と中国共産党が協商し、両岸の平和で安定した相互の架け橋の建設を推進し、両岸の共通認識と人民の福祉を求めていくことに同意しますか？

陳水扁総統はこの住民投票を、「総統選挙以上に重要な投票」として、自らの政治生命を懸けて推進したのです。当時、日本でも市町村合併の有無を問う住民投票を行っていましたが、それとはまったく異なるものでした。例えば①で、「武力行使を放棄しないのであれば」と仮定していますが、中国側は再三、「武力行使は放棄しない」と言っているので、この仮定は成り立ちません。また「台湾が自己防衛能力を強化することに同意しますか？」などと聞くまでもなく、1949年以降、台湾は常に防衛力を強化してきました。②に関しては、そもそも世界中のすべての国が平和と福祉を求めるもので愚問《ぐもん》です。さらに「中国との対話推進」と、①の「中国に対する軍備増強」は矛盾します。

こうしたことを勘案すると、陳水扁総統は、住民投票の内容よりも、「台湾で初めて住民投票を実施し、過半数を獲ること」を目的としていたのでしょう。陳総統の脳裏では、「住民投票成立↓新憲法制定↓台湾共和国樹立」という三段論法になっていたのです。

その後、この天下分け目の決戦は、投票日前日に思わぬ展開を見せます。3月19日午後、陳水扁総統は呂秀蓮副総統を伴って、台湾南部の故郷・台南市でジープに乗って遊説していました。そこを何者かに銃撃され、病院に運ばれたのです。陳総統は下腹部に長さ11㎝、幅2㎝の傷を負い、32針も縫《ぬ》いました。

この緊急ニュースは、台湾全土を震撼《しんかん》させました。「緑」と「青」の両陣営は、その日の晩の最後の大集会を中止。選挙自体は予定通り行うことにしました。

陳総統への襲撃は、前述のように1985年に呉淑珍夫人が「白色テロ」に遭い、全身不随に陥った事件を、台湾人に思い起こしました。そのため同情票を集めて結果的に「緑陣営」を利することになったのは事実です。「青陣営」は「事件は自作自演」と主張します。

選挙結果は、「緑陣営」が647万票、「青陣営」が644万票と、陳水扁総統の薄氷《はくひょう》を踏む勝利でした。その差はわずか2万9518票。率にすると「二・二八事件」を想起させる0・228％差だったため、「台湾人の悲哀が民進党に勝たせた」と言われました。

陳水扁総統が固執した住民投票は、過半数に届かず否決されました。「青陣営」は「選挙に不正があった」として再集計を要求しますが、覆《くつがえ》りませんでした。

こうして2004年5月20日、陳水扁総統の2期目が始動しました。中国側は就任演説で、「一つの中国」に言及するよう要求しますが、陳水扁総統は再び無視しました。

そのことで、中国側の堪忍袋の緒が切れます。実は総統選挙で、中国は「安静」を装《よそお》っていました。私は同年年初に北京で、台湾を担当する関係者からこんな話を聞きました。「1996年と2000年の『総統』選挙で、われわれが李登輝や陳水扁ら台湾独立派の候補者を声高に批判したところ、投票行動が逆ブレした。すなわち、われわれが批判すればするほど、台湾独立派を利することになってしまったのだ。だから今回は沈黙を保つ」

中南海の立場から考えると、2003年3月に始動した胡錦濤《こきんとう》政権は、鄧小平が舵《かじ》を切った改革開放政策の申し子のような政権でした。換言すれば、中国の社会システムは社会主義市場経済ですが、「市場経済」の方により大きな力点を置いていました。そのため、「社会主義」の根幹である国家安定を担う人民解放軍には、不満がくすぶっていたのです。

こうした「軍のガス抜き」という意味からも、台湾への強硬策が必要でした。実際、2004年夏から、人民解放軍は堰《せき》を切ったように、台湾進攻を想定した大規模な軍事演習を再開させます。

## 胡総書記と連主席の歴史的な会談

翌2005年に入ると中国は二つの大きな動きに出ます。一つは3月14日に、全国人民代表大会（年一度開かれる国会）で反国家分裂法案を可決成立させ、即日施行したことです。この法律は全10条からなるシンプルなものですが、まず第1条で制定の目的を謳います。

〈「台湾独立」の分裂勢力が国家を分裂することに反対し、牽制するため、また祖国の平和的統一を促進させ、台湾海峡地域の平和的安定と国家主権、領土完備、中華民族の根本的な利益を維持、保護するため、憲法に基づいて本法を制定する〉

第2条以降は、中国側の立場を縷々《るる》記していますが、それらは第8条に収斂《しゅうれん》されます。

〈「台湾独立」の分裂勢力が、いかなる名義、いかなる方式であれ、台湾を中国から分裂させようとしている事実が造成された場合、もしくは台湾が中国から分裂していくような重大事変が発生した場合、もしくは平和的な統一の可能性が完全に喪失《そうしつ》した場合、国家は非平和的な方式及び必要な措置を講じて、国家主権と完全な領土を死守しなければならない〉

第8条では、3つのケースを想定していますが、いずれも曖昧《あいまい》で、中国側が恣意的《しいてき》に解釈できるものです。極論すれば、陳水扁総統の何かの発言一つでも、「台湾を中国から分裂させる事実」と断定できるのです。反国家分裂法の制定は、胡錦濤政権から台湾への警告であると同時に、人民解放軍から胡錦濤政権へのプレッシャーの産物でもありました。

中国側が打ったもう一つの大きな一手は、連戦国民党主席を中国に招待したことです。これは、4月26日から5月3日まで、南京、北京、西安、上海の4都市を回る一行60人による「平和の旅」として実現しました。

私はこの時、北京で連戦主席の一挙手一投足を追っていましたが、それまで「地味で無能」という烙印《らくいん》を押されていた連戦の政治家としての集大成であり、ハイライトでした。

連戦一行はまず南京を訪れ、「国父」孫文を祀《まつ》る中山陵を参拝。続いて訪問した国民政府時代の総督府跡では、中華民国の国旗「青天白日満地紅旗」を掲げる歓迎ぶりです。

翌日、一行は北京入りし、29日午後、人民大会堂で、胡錦濤共産党総書記と連戦国民党主席の歴史的な会談が実現しました。両党のトップが会談するのは、1945年の第二次世界大戦終了後に行われた蔣介石・毛沢東会談（重慶会議）以来、60年ぶりのことでした。

両首脳が満面の笑顔でがっちり握手する姿は、ＣＣＴＶ（中国中央広播電視総台）で何度も放映されましたが、私にも感慨深いものがありました。このような時代が21世紀の初めに訪れるとは、予想外だったからです。

両党は「5項目合意」を発表します。それは対等な対話の促進、平和協定締結準備の開始、三通（通信・通航・通商）の実現と台湾産農産物の販売問題解決の促進、台湾のＷＨＯ参加問題などの協議促進、両党間の定期協議開催です。特に、これまで12種類だった台湾産農産物の中国への輸出許可を18種類に増やす措置や、中国大陸から台湾への観光解禁は、すぐに実現しました。さらに中国側は、パンダ2頭を台湾に贈ると発表しました。

中台関係が、一気呵成に前進したかのようですが、この時の国民党は「野党の身」であり、台湾での行政権がありません。それでも中国側は、「民進党を見捨てて国民党とつき合う」という態度を明確にしたのです。

連戦主席は、生まれ故郷の西安で祖母の墓参りをしたり、上海で汪道涵海協会会長と会談したりした後、5月3日に台湾に戻りました。すぐに陳水扁総統に報告の電話を入れましたが、陳総統はオカンムリです。「出過ぎた野党外交」に、すっかり面目を潰されたからです。陳総統が特に怒ったのが、陳政権が容認していない「一つの中国」を連戦主席が認めたことでした。

陳総統はパンダ贈呈も拒絶しました。希少動物の貿易を禁止したワシントン条約に違反するというのが、その理由です。一方、「台湾は中国国内なので抵触しない」というのが中国側の見解でした。パンダの贈呈に関しても、複雑な中台関係が頭を擡《もた》げてくるのです。

続いて5月には、宋楚瑜親民党主席が、ほぼ同じコースで中国を訪問し、胡錦濤総書記との会談も果たしました。連戦は中国での「大役」を花道として、7月に国民党主席を辞任（名誉主席に就任）、馬英九台北市長が新たな主席に就きました。馬英九新主席は7月16日の就任会見で、「2008年の政権奪還」を明言します。

## 2008年総統選、国民党政権の復活

2期目の陳水扁政権は、新憲法制定どころか、スキャンダルまみれになり、ほとんど見せ場もなく終わりました。2005年8月、副都・高雄のMRT（モノレール）建設を巡る民進党の汚職スキャンダルが噴出します。民進党に対する台湾人の倦怠感《けんたいかん》から、同年12月3日に行われた統一地方選挙では、23の県市長ポストのうち、民進党が獲得できたのは、わずか6ポスト。逆に馬英九国民党は14ポストを獲得し、政権奪回に勢いがつきます。

2006年の元旦祝辞で陳総統は、対中経済政策を「積極開放、有効管理」から「積極管理、有効開放」へと変更し、中国との対決姿勢を露《あら》わにします。2月27日には、李登輝時代の1990年に設立した国家統一委員会と1991年に定めた国家統一綱領を停止しました。台湾では今後、中国との統一は議論しないという宣言であり、中国は猛反発です。中台関係を懸念したリチャード・アーミテージ元米国務副長官が3月8日に急遽《きゅうきょ》訪台。馬英九国民党主席も訪米し（3月19日～29日）、国民党の立場をアメリカに説明しました。4月16日には、再訪中した連戦国民党名誉主席と胡錦濤総書記が2度目の会談を行います。

5月13日、陳総統を決定的なスキャンダルが襲いました。娘婿の趙建銘《ちょうけんめい》医師が、台湾土地開発信託投資株のインサイダー取引を行い、3億台湾ドル（約12億円）もの不法利益を得ていたと報じられたのです。その後、次々に趙医師を巡る収賄疑惑が噴出し、国民党と

親民党は陳総統の辞任を要求しました。施明徳《しめいとく》元民進党主席ら身内からも辞任要求が出ました。立法院では2度にわたって陳水扁総統の罷免《ひめん》決議が行われます（2度とも否決）。

陳総統の呉淑珍夫人のスキャンダルも噴出しました。大手百貨店SOGO（太平洋崇光）の経営に関与してリベートを手にしていた疑惑や、総統府の国務機密費の不正使用疑惑（邦貨で約6000万円）などです。特に機密費疑惑は、11月3日に台北地方検察署に起訴され、2日後に陳総統が会見を開き「妻が一審で有罪判決を受けたら辞任する」と言明します。

2007年に入ると、陳水扁政権が最後の反撃に出ました。2月13日に、馬英九主席を台北市長時代（1998年〜2006年）の市長特別費の個人流用で起訴したのです（一審、二審、最高法院とも無罪判決）。3月20日、馬英九は次期総統選挙の出馬を表明し、対中投資は「原則開放、例外管理」で望み、「三通」（通信・通航・通商）を全面開放すると発表しました。一方の民進党は5月29日、謝長廷《しゃちょうてい》元行政院長（首相）を公認候補に選びます。

2008年1月12日、総統選挙の前哨戦《ぜんしょうせん》と言われた立法委員（国会）選挙で、与党・民進党は27議席と激減し、国民党が81議席と圧勝。続く3月22日に行われた総統選挙でも、765万票という大量の票を獲得した国民党の馬英九・蕭万長《しょうまんちょう》コンビが、与党・民進党の謝長廷・蘇貞昌《そていしょう》コンビの544万票に、200万票以上の差をつけて圧勝しました。

国民党政権の復活によって、中台関係も一変することになります。

# 第8章 馬英九vs胡錦濤、習近平

## 2008年〜2016年

### まるで中国語を話す陽気なアメリカ人

２００８年５月20日、「国民党のプリンス」馬英九《ばえいきゅう》新総統の就任式典が、総統府大講堂で開かれました。

この時、57歳の馬英九は、１９５０年７月13日に香港で、毛沢東主席と同じ湖南省湘潭《しょうたん》県出身の国民党政権の公務員・馬鶴凌《ばかくりょう》の長男（姉３人と妹）として生まれました。英国の植民地・香港の九龍地区で生まれたため「英九」と名づけられ、台北で育ちます。台湾大学法学部卒業後、ニューヨーク大学で修士号を、ハーバード大学で博士号を取得しました。1981年に帰国後、蔣経国総統の英文秘書になり、その後、李登輝総統に見出されて、1993年に法務部長（法相）に抜擢されます。2歳年下の周美青《しゅうびせい》夫人も同じ香港生まれ。妹の中学の同級生で、ニューヨーク留学中も同級。現地で結婚し、二人の娘がいます。

馬英九人気が沸騰《ふっとう》したのは、李登輝総統に背中を押され、1998年の台北市長選に出馬した時でした。この時、48歳。映画スターのような甘いマスクに、マラソンを趣味とする引き締まった身体。頭脳明晰《めいせき》で、流暢《りゅうちょう》な英語を操る国際人。女性層をしっかり摑《つか》み、現職の陳水扁市長（民進党）を、76万票対68万票で破りました。以来、14歳年上の連戦副総統に続く「国民党のホープ」と言われるようになったのです。

馬英九は、2000年に陳水扁民進党政権が発足した後も、2002年の台北市長選で民進党の李応元《りおうげん》候補を、87万票対48万票と大差で破って再選を果たしています。2005年7月には、総統選に敗れた連戦主席の辞任に伴い、第4代国民党主席に就任しました。

馬英九は、台北市長時代の2006年7月と2007年11月に、2回来日しています。私はどちらの時もお目にかかりましたが、2回目の時はインタビューさせてもらいました。中華民国総統に就任する半年前です。当時、日本で馬英九という政治家は「親中反日」、果ては「媚中仇日《びちゅうきゅうにち》」というレッテルまで貼られていました。インタビューは中国語で行ったのですが、本人にその点をズバリ質すと、苦笑してこう答えました。

「あなたの名前ジンタン（近藤）は、日本語で言うと、コンドウでしょう。私はいま必死に、日本語を勉強しているんですよ。嫌いだったら勉強しますか？」

——でも、尖閣諸島の領土問題について、強硬な姿勢を持っていますよね。

「それは当然です。釣魚台（尖閣諸島）は中華民国の領土です。私はこの問題を専門に研究し、米ハーバード大学で博士号を取得したのですよ。この問題については台湾で一番詳しいという自負があります。でも、そのことで『反日』のレッテルを貼られるのは遺憾《いかん》です。どの国の政治家であっても、領土問題には敏感なものでしょう。

かつ私は、いまは台湾と日本が互いに領土問題を棚上《たなあ》げして、経済交流を発展させるべき時だと思っています。だから私が総統になったら、いまの民進党政権よりもはるかに緊密な台日関係を構築することを約束します」

——総統に就任したら、連戦前主席のように中国大陸に接近していくつもりですか？

「中国に対して私は、『三不』（統一しない、独立しない、武力行使しない）を唱えています。このことを前提にして、互いの経済発展を図るのです。

中国は来年、北京オリンピックを開催し、2010年には上海万博を開きます。そんな時に、台湾に対する武力行使など非現実的です。台湾としても、目の前で巨大化していく中国大陸を、もっと積極的に活用していくべきです。台湾は中国大陸をうまく取り込んでいけば、ＡＳＥＡＮ（東南アジア諸国連合）など第三国との貿易も活発化していくのです」

――具体的には、どのような中国大陸との協力を考えていますか？

「まず速やかに、直行便を開通します。『三通』（通信・通航・通商）の全面的解禁は、両岸ビジネスの発展にとって不可欠です。

また中国大陸から1日1万人の観光客を誘致します。中国大陸からの観光客を増やすことは、単にインバウンドで台湾経済が潤《うるお》うだけでなく、中国大陸の人々が直接、民主化された台湾を体験することになるわけです。それが将来の中国の民主化に寄与するはずです」

――中華民国総統になったら、北京を訪問することは考えていますか？

「遠い将来は分かりませんが、短期的には考えていません。中国大陸に接近すると、台湾は吸収統一されてしまうと危惧する人がいますが、私はそうは思わない。むしろ中国大陸の政治家たちが、台湾の民主化の成功例を学ぶ機会になると考えます。中国大陸が徐々に民主化していくきっかけになるということです。これは理想論ですが、われわれが主導権を取って中国大陸を民主化させていくことも可能ではないでしょうか」

馬市長に話を聞いていると、まるで中国語を話す陽気なアメリカ人のように感じました。例えば、私が「中国への接近」をしつこく聞いていたら、眼前のコーヒーカップを掴み、ぐいっと飲み干して言いました。「もう一杯下さい。私に茶を飲む習慣はない」

もう一つ感じたのは、総統選挙のスローガンにも使っていた「馬上行動」です。「馬上《マーシャン》」という中国語は「直ちに」という意味の副詞ですが、自分の名前の「馬」と掛けて、「馬（英九）が直ちに行動する」というわけです。私と対面している時も、秘書を後ろに立たせ、会話の中で何かひらめくと、「馬上調査《マーシャンディアオチャ》！」（すぐに調べろ）と命じます。おっとりしたイメージで、かつ中国大陸には懐疑《かいぎ》的だった陳水扁政権とは真逆の政権が、まもなく台湾に誕生するのだという予感が、ひしひしと伝わってきました。

## 呉・国民党主席が胡錦濤主席と会談

馬英九は前述のように、２００８年3月22日に行われた総統選挙で、７６５万票対５４４万票という大差をつけて、第6代中華民国総統に選ばれました。5月20日に行われた「人民奮起、台湾新生」と題した総統就任演説では、対中協調を力説しました。

「海峡両岸はいまや、得難い歴史的チャンスを摑めるさなかにある。今日から共同で平和共栄の新たなページを開き始める。われわれは、最も多くの台湾の民意である『不統、不独、不武』（統一せず、独立せず、武力行使せず）の理念に合わせ、中華民国憲法の枠組みのもと、台湾海峡の現状を維持していく。１９９２年、両岸は『一中各表』（一つの中国を各自が表述する）のコンセンサスに達した。その後、多くの協商を成し遂げ、両岸関係の順調な発展を促進していった。できれば7月には週末のチャーター直行便を始め、中国大陸の観光客に台湾に来てもらい、両岸関係の新たな時代を目指したい。

中国大陸が引き続き、自由と民主、均等に富んでゆける大道を歩んでいくことを、そして両岸関係の長期的な平和発展、創造共勝の歴史的条件を満たすことを心より望んでいる」

まさにその半年前に、私に語っていたことを述べました。半年前と異なるのは、中華民国総統という最高権力ポストに就き、「馬上行動」を実行できるようになったことです。

実際、馬新総統は、矢継ぎ早に行動を起こしていきました。就任6日後の5月26日、呉《ご》伯雄《はくゆう》国民党主席を訪中させ、呉主席は28日に胡錦濤主席と会談します。胡主席は、8月8日の北京オリンピック開会式に、呉主席を招待したいと述べ、呉主席は快諾しました。

6月12日には、北京の釣魚台《ちょうぎょだい》国賓館で、実に10年ぶりとなる中台実務機関のトップ会談が行われました。中国側の海峡両岸関係協会の陳雲林《ちんうんりん》会長と、台湾側の海峡交流基金会の江丙坤《こうへいこん》会長です。翌日、週末直行便と中国人観光客の台湾訪問解禁が発表されました。週末直行便は中国側5空港、台湾側8空港を開放。中国人観光客は、台湾が1日3000人を上限として受け入れるというものです。

北京オリンピックについては、中国側は従来の台湾の名称「中華台北（Chinese Taipei）」

を「中国台北」に変更させようとしましたが、台湾側が強硬に反対し、従来通りとしました。また呉主席は開会式の席を、「中国側貴賓席」ではなく「外国側貴賓席」に取ることにも成功しました。しかし呉主席は華やかな開会式の観覧よりも、国交のある23ヵ国の首脳が、オリンピック外交で中国に篭絡《ろうらく》されないか監視するのが最大の任務でした。たとえスポーツの祭典といえども、中台関係は常に緊張感を孕《はら》んでいるのです。

このように馬英九総統就任で一変した台湾ですが、野党に転落した民進党も激変します。新総統の就任当日、最高検察署特偵組（特捜部）が、「陳水扁前総統を被告として捜査する」と発表しました。憲法の規定で、現職総統への捜査権は及びませんでしたが、もう容赦しないというわけです。台湾メディアは、「打落水狗《ダールオシュイゴウ》」（水に落ちた犬を打つ）と報じました。

その2日前、5月18日には、民進党の主席選挙が行われ、汚職と派閥のイメージがない学者出身の蔡英文が主席に選ばれました。蔡英文は、前述のように1999年、李登輝総統の「二国論」を理論立てし、「李登輝チルドレン」と呼ばれた女性です。

陳水扁前総統への捜査は8月12日から始まり、2日後に本人が衝撃的な会見を開きました。呉淑珍夫人が多額の資金を海外の銀行口座に送っていて、そのことを自身が知ったのは2008年1月だったというのです。送金資金総額は3000万ドルに上ることも暴かれていきました。台湾では北京オリンピックどころでなくなり、「台湾のマルコス（元フィリピン大統領)」と悪名をつけられた陳前総統は、8月15日に民進党を離党しました。そして11月12日、ついに逮捕。総統経験者の逮捕は台湾史上、前例がありません。

## 陳雲林・海峡両岸関係協会会長の訪台

一方、中国側にも「変化」が起こっていました。2008年3月に、2期目の胡錦濤政権が始動します。温家宝首相は留任しましたが、6月3日、後に外相となる王毅《おうき》が、台湾問題を統括する国務院台湾事務弁公室主任に就いたのです。

その前年の2007年春、李肇星《りちょうせい》外相の退任に伴い、楊潔篪《ようけつち》駐米大使と王毅駐日大使が、後継の座を激しく争いました。勝ったのは楊で、王は副部長(副大臣)になりました。「胡錦濤主席は江蘇《こうそ》人なので、北京人の王ではなく(江蘇省の隣の)上海人の楊を起用した」

――中国の知人の外交官は訳知り顔に語りましたが、私は違うと思いました。胡主席は、上海と北京ではなく、アメリカと日本を比較し、対米外交の専門家を選んだのです。

「敗れた王毅副部長が注目したのは、2007年10月に胡錦濤主席の後継者の地位を内定させた習近平常務委員だった。習近平は福建省に17年も務めていて、福建省に人脈を持ち、かつ台湾問題に関心が強かった。そこで次代を睨《にら》んで、台湾担当に名乗りを上げたのだ」

――再び中国の外交官の解説ですが、こちらは事実と思いました。加えて、中国では台湾は「国内問題」なので、楊外相率いる外交部はノータッチなのです。

こうして台湾担当の責任者となった王毅は、台湾との交流を強めることで自らの実績とし、来たる同じ北京人の習近平時代の到来時に備えました。こうした中国側の事情も、中台関係が加速していく要因となります。

北京オリンピックを成功裏に終えたことは、胡錦濤政権にとって大きな外交的自信となりました。前出の中国の外交官は、「48個の金メダルを獲ったことよりも、欧米に伍《ご》していけると自信を強めたことが最大の成果だった」と、オリンピック公園のカフェで、私にしみじみ語りました。

翌9月、アメリカ発の金融危機（リーマン・ショック）が世界を襲います。米ブッシュ政権は、従来のG7（主要先進国）では対処不能になり、11月に初めて、ワシントンに主要国・地域の首脳を集めて、G20サミットを開きました。この時、胡錦濤主席が4兆元（当時の邦貨で約58兆円）もの緊急財政支出を宣言。翌年から中国が主導する形で、世界経済の復興が図られます。世界のマネーが、大量に中国に流入していきました。

台湾も例外ではありません。馬英九総統は総統選挙で、「６３３」という公約を掲げました。２００９年のGDP成長率６％以上、失業率３％以下、２０１６年の平均国民所得３万ドル以上というものです。ところがアメリカ発の金融危機によって、早くも最初の

「6」が暗礁に乗り上げ、ますます中国経済にすがる格好になっていったのです。

そんな中、2008年11月3日から7日まで、1949年の国共断絶以降、最高位となる中国の高官が訪台しました。陳雲林海協会会長です。台湾の野党・民進党（蔡英文主席）は、「台湾を中国に売り渡してはならない」として、大規模デモを呼びかけます。馬英九政権は、1万7000人もの警備隊を組織して対応にあたりました。

陳雲林一行60人は、台湾の桃園国際空港に降り立つや、いきなりデモ隊と揉《も》みあいになり、宿泊先の台北北郊の圓山大飯店でもデモ隊に囲まれます。翌4日晩の連戦国民党名誉主席主催の晩餐会（国賓大飯店）は何とか乗り切ったものの、5日晩の呉伯雄国民党主席主催の晩餐会（晶華酒店）は、蔡英文主席自らデモ隊に加わって、ホテルを取り囲みます。結局、陳会長一行が宴会場を出られたのは、深夜2時でした。

翌6日は、午後4時半から馬英九総統を表敬訪問する予定でしたが、総統府もデモ隊に取り囲まれることが予想されたため、急遽、午前11時からわずか7分間の面会を行いました。陳会長は、「同じことをするのでも、あなた方（台湾側）は私たちとは比較にならないほど大変だということが分かった」と言い残して帰国しました。そして北京で、「恐怖の5日間」の体験談を流布したため、その後は中国の高官が訪台しなくなったのです。

## 台湾がWHO総会へのオブザーバー参加を勝ち取る

ただ、この時の中台会談で、直航チャーター便の毎日の運航（週36便から108便へ）、海運の直航便解禁（中国63港、台湾11港）、郵便の解禁、食品安全問題などを進展させ、ついに「三通」がすべて実現しました。12月15日、中国へ向かう最初の貨物船（長栄海運の『立敏輪』）が高雄港を出港するのに合わせて、馬英九総統が駆けつけ、「『戒急用忍』（李登輝時代のスローガン）も『有効管理』（陳水扁時代のスローガン）も歴史に葬られた」と宣言しました。

翌週の21日には、王毅主任が、中国に進出している台湾企業向けの特別融資など「10項目協力策」を発表。23日には、陳水扁時代に凍結されていた2頭のパンダ「団団《トゥアントゥアン》」と「円円《ユエンユエン》」が台北市動物園に到着しました。動物園側はパンダに随行してきた中国人たちに気を遣い、正門に掲げてあった「青天白日満地紅旗」（中華民国国旗）をこっそり下ろします。これに民進党が気づいて非難すると、「前日に雨が降ったので乾かした」と弁明しました。

この年の大晦日《おおみそか》、胡錦濤主席が、「台湾同胞に告げる書 30周年記念座談会」を主宰し、重要講話を述べました。いわゆる「胡六点」です。

①一つの中国の厳守、②経済協力の推進、③中華文化の高揚、④人員の往来拡大、⑤主権維持と対外協商、⑥敵対状態の終結。

このうち、台湾側が特に注目したのが⑤でした。台湾の悲願であるWHO（世界保健機関）総会へのオブザーバー参加を容認するシグナルではないかと受け取ったのです。

台湾では、2003年に中国で発生したSARS（重症急性呼吸器症候群）騒動の時、中国からの帰国者を中心に674人が感染し、84人が死亡しました。この時、WHOに非加盟のため、世界と疫病の情報交換ができないことが大量感染につながったと総括。WHOへの加盟、もしくはオブザーバー参加を、外交の第一目標にしてきました。

結局、台湾は中国の許可を得て、2009年5月のWHO総会へのオブザーバー参加を勝ち取りました。この優遇措置は、蔡英文政権発足まで8年続くことになります。

2009年3月13日、中国の温家宝首相が全国人民代表大会（国会）の最終日に行う年に一度の記者会見で、台湾の中央通信社の記者が、台湾について見解を質しました。その答えがあまりに熱っぽかったことが、台湾で大いに話題を呼びました。

「台湾は祖国の宝島であり、私がいつも訪問したいと思っている場所だ。私は心から、チャンスがあれば台湾を歩き、見てみたいのだ。阿里山、日月潭《にちげつたん》の他、台湾各地に行き、台湾同胞と接触を持ちたい。自分は今年すでに67歳になるが、もし台湾に行けるのなら、たとえ足が動かなくても、這《は》ってでも行きたい」

この温家宝首相の言葉が呼び水となり、中国人観光客の訪台ラッシュと「爆買い」が始まりました。2009年の訪台中国人観光客数は53万9106人、前年比468％増です。その後も順調に増え続け、2015年には414万人と、初めて400万人の大台を突破。これは訪台観光客全体のちょうど4割にあたりました。インバウンド効果で、台湾経済は大いに潤います。

私は2009年7月から丸3年、駐在員として北京で暮らしましたが、北京に台湾料理店が続々とオープンしていくのを目の当たりにしました。また、台湾人の男性駐在員たちが話す「ソフトな抑揚の中国語」が、北京女性たちの間で評判になっていました。

北京の台湾大手企業の台湾人社長たちは、「ディープ・ブルー」なる会合を、毎月開いていました。国民党の党色を名称にしたもので、高層マンションのペントハウスに夜参集し、ワインやつまみを囲んでホームパーティ形式で情報交換するのです。私も一度、その会に参加させてもらいました。

## 歴史的な中台間の「自由貿易協定」を締結

当時の彼らは、ECFA《エクファ》（両岸経済協力枠組み協定）の締結に沸き立っていました。2010年6月29日、中国の陳雲林海協会会長と台湾の江丙坤海基会会長が、重慶で歴史的な中台間の「自由貿易協定」を締結したのです。これにより中国向けの台湾製品539

品目、台湾向けの中国製品267品目の関税が引き下げられました。

台湾から見た場合、自動車部品や石油化学製品など対中輸出の16％（2009年）が関税引き下げの対象となり、26万人の雇用創出とGDPを1・7％押し上げる効果があると予測されました。オレンジや茶葉など18品目の台湾産農産品の関税優遇も獲得しました。

中国側からすれば、鄧小平時代以来の「以経促統」（経済でもって統一を促す）戦略です。台湾側に譲歩しても、中国経済は破竹の勢いで成長しており、吸収の余地がありました。

この頃、馬英九政権は焦燥感《しょうそうかん》を募《つの》らせていました。世界的金融危機の影響を受けて、2009年の台湾のGDPは、馬英九総統が公約にしていた6％どころか、マイナス1・5％に落ち込みました。また2010年1月からは、中国とASEAN6ヵ国が2004年に結んだ自由貿易協定（ACFTA）の定めにより、自由貿易地域を形成。台湾も早く中国と組まないと、経済が立ち行かなくなる状況だったのです。

馬英九政権は、台湾でECFAを批准するにあたって、強引な手段を用いました。「ECFAは国家間の条約でないため、立法院（国会）で批准する必要はない」として、立法院の手続きを端折《はしょ》ってしまったのです。

これには蔡英文民進党が怒り心頭でした。6月26日、87歳の李登輝元総統まで引っ張り出して15万人デモを敢行。「ECFAは中国の陰謀に台湾を売り飛ばす蛮行《ばんこう》だ」とシュプレヒコールを上げました。「棄馬保台《きまほたい》」（馬＝馬英九を棄てて台湾を保護する）が合言葉です。

しかしＥＣＦＡ批准問題は、陳水扁前総統一家の汚職問題が尾を引いたこともあって、馬英九政権が押し切る格好となりました。陳水扁公判は、２００９年9月11日に一審判決が出て、無期懲役刑と罰金2億台湾ドル（約8億円）、終身公民権剝奪《はくだつ》という厳しいものでした。控訴審判決は２０１０年6月10日、懲役20年への減刑が言い渡されました。そして同年11月11日の最高法院判決で、懲役11年に減刑。さらに一部の差し戻し審議があり、結局は懲役2年8ヵ月になりました。

陳水扁被告は２０１３年6月3日、獄中でタオルを首に巻いて自殺を図りますが、看守に発見され未遂に終わります。２０１５年1月5日、鬱病《うつびょう》が悪化し、高雄での自宅療養が認められました。仮釈放後の２０１９年に「一辺一国行動党」を結成し、翌年1月の立法院選挙に候補者を立てますが全員落選。政界を引退しました。この時、台湾で選挙取材をした私は、痩《や》せこけた老人と化した陳水扁を見て、政治家の栄枯盛衰《えいこせいすい》に嘆息《たんそく》したものです。

２０１２年1月14日、台湾で総統選挙と立法委員選挙が同時に行われました。再選を賭ける馬英九総統と、民進党の蔡英文主席との一騎打ちです。争点は「中国は敵か味方か」というただ一点と言っても過言ではありませんでした。

結果は、６８９万票対６０９万票で、馬英九総統が辛勝。敗れた蔡英文は、民進党主席の辞任を発表しました。後任は、陳菊《ちんぎく》高雄市長です。

立法委員選挙の方は、国民党64議席、民進党40議席と、こちらも国民党が勝利しました。ただ国民党が、前回2008年の81議席から17議席減らしたのに対し、民進党は27議席から13議席増やしたので、結果をどう捉えるかは微妙でした。

同年5月20日、馬英九総統の再任の就任式が行われました。馬総統は、「自分が4年間進めてきたことは正しい道のりであり、（1912年に始まった）中華民国の『第2の100年』を迎えるにあたり、『黄金の10年』を創出し、台湾を『自由貿易島』にする」と宣言しました。同時に中国との関係についても、次のように思いのたけを述べました。

「台湾海峡の『統一せず、独立せず、武力行使せず』の現状を維持しながら、『92コンセンサス、一つの中国と各自が表述』の基礎の上に、両岸の平和発展を推進する。かつわれわれが言ういわゆる『一つの中国』とは当然、中華民国のことである。憲法によれば、中華民国の領土と主権は台湾と大陸をカバーするが、現在政府の統治権が及ぶのは、わずかに台湾島、澎湖諸島、金門島、馬祖島だけだ。換言すれば20年来の憲法の定位はまさに、『一つの中華民国、二つの地域』だ。このことは3人の歴代総統が変えてこなかった。これが最も理性的、実務的な定位であり、中華民族が長期的に発展し、台湾に安全をもたらす保障となるものだ」

## 馬英九政権は反日政権ではなかった

同年11月15日、北京では第18回共産党大会で、習近平総書記が選出されました。私はこの時、人民大会堂で取材しましたが、習新総書記は記者団の前に顔を出し、総書記として初めてのスピーチを行いました。「中華民族の偉大なる復興を実現させる」と野太い声で繰り返し、まるで毛沢東主席がマルクスのもと（天国）から這《は》い出してきたようだと思いました。しかし、台湾については特に言及しませんでした。

その2ヵ月前には、日本の野田佳彦民主党政権が尖閣諸島を国有化したことで、中国全土110ヵ所以上で大規模な反日デモが起こり、日中関係は嵐の中にありました。そんな中、王毅主任が、密かに馬英九政権に、尖閣諸島を巡る「中台共闘」を呼びかけます。

しかし馬英九総統は、「友達が一人増えれば進む道が一つ増える」（多一個朋友、多一個渠道）という考えの持ち主で、台湾周辺に敵を作ることには反対でした。そこで2013年2月8日、台湾の外交部が正式に、「釣魚台列島の争議で中国大陸と提携する立場を取らない」との声明を発表。25日、連戦国民党名誉主席が北京で習近平総書記と会談し、馬政権の立場を説明しました。中国では3月14日、正式に習近平政権が発足し、王毅が新たな外相に抜擢《ばってき》されましたが、王毅新外相は尖閣諸島を巡る中台連携に未練タラタラでした。

日本でも2012年12月26日、安倍晋三自民党政権が発足し、尖閣諸島を巡る中台連携に疑心暗鬼になっていました。そんな中、馬英九政権は中台連携を拒否する声明に続いて、大きなカードを切りました。それは4月10日に台北で、日本と電撃的に「日台漁業取り決め」を締結したことです。

これは正式名称を「公益財団法人交流協会と亜東関係協会との間の漁業秩序の構築に関する取決め」と言います。１９９６年以降、日台間で16回も漁業交渉をしてきましたが、まとまりませんでした。それを安倍新政権が台湾側に譲歩し、「北緯27度以南の海域を日台共同の漁場にする」としたのです。安倍新政権から見れば、漁業問題で台湾に譲歩するものの、中台の分断を図れると判断。日本の誘い水に、馬政権が乗った格好でした。

この日台漁業取り決めに、習近平新政権は驚愕《きょうがく》しました。習政権内部では、「胡錦濤と温家宝が馬英九に甘すぎた」という声も出たほどです。しかし日台の漁業の問題一つで、それまで5年間築いてきた国民党政権との良好な関係を崩すことはありませんでした。

実際、馬英九政権が終了した２０１６年5月までの時点で、歴代の日台間の取決め、覚書、交換書簡は計61ありますが、そのうち28は馬英九政権時代に締結されました。このこと一つとっても、「馬英九政権は決して反日政権ではない」というのが、私の見解です。

馬英九は退任後の２０１８年に出版した『八年執政回憶録』（回顧録）で、「台日漁業取り決めは全世界に肯定された」と自負しています。その後、「ただ世界で一つだけ不満が出た」と続けます。「それは中国ではなく『魚』だ。この漁業取り決めで漁獲量が3倍に増えてしまったのだから」。このジョークは馬英九流の中国への気配りで、「敵を作ることを好まない」馬の性格をよく表しています。

そんな馬総統に中国がつけ込んできます。習近平新政権は、日台漁業取り決めに目をつぶる代わりに、ECFAをサービス分野にも応用していくことを台湾側に求めたのです。中国側が金融や医療など80分野を、台湾側が運輸や美容など64分野を開放する「海峡両岸サービス貿易協定」です。中国からすれば、ECFAの第一段階である農林水産業と製造業分野では、台湾を大陸に呼び込むため、大幅に譲歩しました。それが第二段階であるサービス業分野まで進めば、中国の大手サービス企業が台湾に進出できるので、第一段階の譲歩を取り返せると考えたのです。

馬英九政権としても、そうした事情は百も承知でした。それでもECFAは、すでに台湾経済に恩恵を与えており、また習新政権を出し抜いて日本と漁業取り決めを結んだ負い目もありました。それで6月21日、海峡両岸サービス貿易協定に調印します。

馬英九政権はこの頃、中国について一つ、大きな判断ミスを犯していたと思います。それは胡錦濤政権から習近平政権に移行しても、同じ共産党政権なのだから、単に前政権の延長だと捉えていたことです。むしろ、習新主席はかつて台湾海峡に面した福建省に17年も務めた経験があるので、台湾に深い理解があるだろうと期待したのです。

しかし習近平新主席が目指したのは、前政権のスローガンだった「和諧《わかい》世界」ではなく、「中華民族の偉大なる復興」という強国強軍路線でした。習近平新政権は、密かに「3つの目標」を立てたと言います。短期目標として、2021年7月の共産党創建100周年までに、あらゆる分野でアジアナンバー1になる。中期目標として、2035年までに、あらゆる分野でユーラシア大陸ナンバー1の地位を得る。これを推進するのが「一帯一路」（シルクロード経済ベルトと21世紀海上シルクロード）です。そして長期目標として、2049年の建国100年までに、アメリカを凌駕《りょうが》して世界一の強国になるというものです。

まず短期目標のターゲットは日本です。2013年7月22日、中国海警局を設立し、尖閣諸島海域で日本に強いプレッシャーをかける体制を整えました。11月23日には、東シナ海に防空識別圏を設定したと発表します。これに対し、安倍首相も12月26日、靖国神社を参拝し、中国を牽制しました。この時、習近平総書記は、崇拝する毛沢東主席生誕120周年の記念式典を天安門広場で執り行っている最中だったため、怒り心頭です。

## 台湾の学生による反中「ヒマワリ運動」

習近平政権は、このように日本をライバル視していく中で、台湾の取り込みを図ったのです。2014年に入ると、台湾に海峡両岸サービス貿易協定の早期批准を求めました。台湾側も、同年11月の北京APEC参加を控え、習政権の要求を無視できません。

そこで、1月31日の春節に伴う大型連休が明けると、台湾の立法院（国会）の内政委員会で、協定の批准に関する議論を始めました。2010年のECFA調印の後、馬英九政権は「国内問題である」と強弁して、立法院の批准を省略。野党・民進党の猛反発を喰らいました。そこで今回は、「立法院で批准する」と約束したのです。

3月17日、「国会一の富豪」こと国民党の張慶忠《ちょうけいちゅう》内政委員会召集人（委員長）が、強行採決しようと委員長席に向かいますが、野党の民進党議員たちが立ちはだかり、揉《も》み合いになります。その後、部屋の後方で、準備していた無線マイクを取り出して「開会、成立、散会！」と叫び、本会議に回してしまったのです。

この模様がテレビ中継されたことで、民進党の立法委員（議員）はむろん、学生や市民団体などが猛反発。翌18日夜に台北の済南路で、「守護民主之夜」（民主を守護する夜）と命名した大規模デモを起こします。その勢いで学生たちが、「立法院に突入しよう！」と言い出し、300人以上の学生たちが警備隊を突破して、立法院を占拠してしまいました。台湾憲政史上、初めての出来事です。

デモに加わっていた民進党の蘇貞昌主席、蔡英文、謝長廷、游錫堃《ゆうしゃくこん》元主席らも「国会座り込み」に参加。これが世界的なニュースになった「ヒマワリ運動」（太陽花学運）でした。国会を占拠した学生たちにヒマワリの花が差し入れられたことからついた名前です。

私はニュースを見て、これは一大事だと思い、すぐ台北に飛びました。台北の中心部は連日のデモで、まるで無政府状態と化していました。大通りで座り込みをしている学生たちに話を聞いて回っていると、「日本から記者が来たぞ！」と誰かが叫び、たちまち取り囲まれました。それからは弁当や菓子、ビールなどを提供されて「デモ宴会」です。

彼らの主張は明快でした。「中国経済の恩恵にあずかる」という馬英九総統の意図は分かるが、実際に恩恵にあずかったのは、一部の富裕層ばかり。この先、中国の大規模なサービス業が入って来たら、自分たちはますます貧困に追いやられてしまうというのです。

私は当初、これまで長く下に見ていた中国が経済的に台頭し、台湾経済を追い抜いていくことへの嫌悪《けんお》感かと思っていました。しかし彼らと話すと、中台のどちらが上かという抽象的なことではなくて、自分の職が奪われるという現実問題で怒っていたのです。

「ヒマワリ運動」を巡って、馬英九政権は右往左往しました。3月25日、馬総統は学生代表との会談を提案したものの撤回。27日に学生側が立法会の無期限占拠を宣言すると、29日に海峡両岸サービス貿易協定の立法会による監視機能強化を表明。しかし30日に、学生たちは台北で50万人デモを行います。4月4日、馬総統は監視機能強化の具体策である両岸協議監督条例を行政院で決定（閣議決定）しますが、騒ぎは収まりません。

ここで、国民党内で馬英九総統の最大のライバルである王金平《おうきんぺい》立法院院長（国会議長）が動きました。6日に、「両岸協議監督条例が法制化されるまで、海峡両岸サービス貿易協定の立法会による審議をストップする」と宣言したのです。

王金平院長は、中国とは距離を置く国民党の本省人グループのリーダーです。学生たちからも一定の信頼を得ていたため、王院長が約束したことで、10日に学生は立法院から退去しました。結局、海峡両岸サービス貿易協定は批准されないまま、現在に至っています。

## 民進党が国民党に大逆転

ヒマワリ運動は、台湾政界に二つの新たな潮流を作りました。一つは「国民党∨民進党」だった世論が、「民進党∨国民党」に変わったことです。馬英九政権の支持率は一気に10%前後まで落ち込み、名前をもじって「ミスター9%」というニックネームが付きました。

もう一つは与党・国民党内で、「馬英九∨王金平」だった勢力図が、「王金平∨馬英九」に変わったことです。つまり、馬英九総統の国内での求心力と党内での求心力が、共に低下したのです。それはとりもなおさず、残りの任期2年となった馬総統がレイムダック化したことを意味していました。

逆に民進党は、「23日間の勝利」に沸《わ》き、5月28日に新たに蔡英文を主席に選出しました。前回の総統選挙に敗れた蔡英文は、3度目の主席就任です。この勢いのまま、11月29日に実施された統一地方選挙で、民進党は13ヵ所の市県長ポストを獲得。6ヵ所しか獲得できなかった国民党にダブルスコア以上の差を付けました。

2015年5月15日、民進党は蔡英文主席を、翌年1月16日に実施される総統選挙の公認候補に選出しました。蔡主席は早速、5月29日から6月9日までアメリカ6都市を訪問し、得意の英語でアメリカの「面接試験」に合格しました。

続いて、10月6日から9日まで日本を訪問。安倍首相の実弟・岸信夫日華議員懇談会幹事長（菅内閣の防衛相）が案内役を務め、7日には安倍兄弟の地元・山口県を訪れました。翌8日昼には、首相官邸裏手のザ・キャピトルホテル東急で、安倍首相が極秘のランチ会をセットする厚遇ぶりです。私はこのランチ会の参加者から、こう聞きました。

「中国に気兼ねして公《おおやけ》にしないという約束だったが、首相面会を円滑に行うため、わざわざキャピトルホテルに宿泊してもらった。面会はホテル5階の特別室で、安倍首相と蔡英文候補は、3度目の再会を喜び合った。二人は1時間45分、台湾に蔡英文政権が誕生したら、日台関係を大いに発展させていこうと盛り上がった。また安倍首相は、中国の習近平主席がどんな人物か、会談した時のエピソードを交えながら説明。蔡候補は熱心に聞いていた。2歳違いの二人は、まるで兄妹のようだった」

一方、国民党側の次期総統候補者選びは混迷を深めました。7月19日、「女性候補には女性候補をぶつける」との方針で、洪秀柱《こうしゅうちゅう》副主席（立法院副院長）を公認候補にします。

ところが、秋になっても洪候補の人気がまったく上がらず、国民党内部で「これでは歴史的惨敗を喫《きっ》する」との危機感が高まっていきます。また党内の本省人グループは、洪候補は「急統」（急進統一派）だとして、総統選挙前に党内が分裂する気配も出てきました。

洪秀柱候補は、5月1日の演説で、自らの中国観をこう披瀝《ひれき》していました。

「両岸関係は『一中各表』から『一中不表』へ、そして『一中同表』へと変えていくべきだ」

「一中各表」とは、「中国大陸と台湾は一つの中国であるが、何を一つとするかは各自で表述する」（台湾は中華民国を「一つの中国」とみなす）ということで、馬英九総統以下、国民党の基本的なスタンスです。また「一中不表」とは「一つの中国の意味を表述しない」ということ。さらに「一中同表」とは、「一つの中国の意味は中国大陸と台湾で同じ」ということで、台湾が中国大陸に吸収合併されることを意味します。この「一中不表」と「一中同表」は洪秀柱候補の造語で、多くの台湾人にとって受け入れられないものでした。

結局、国民党は、総統選挙まで3ヵ月を切った10月17日、台北の国父紀念館で第19回党大会臨時会議を開催。多数の挙手により総統候補を洪秀柱から、次世代の国民党ホープと言われた朱立倫《しゅりつりん》主席（新北市長）に換えてしまいました。わずか11ヵ月前に新北市長に就いたばかりの朱候補は、「市長職を3ヵ月休職」という苦肉の策を取って出馬しました。

## 66年目の「トップ会談」が実現

このような状況では、国民党の不利は否めません。そこで馬英九総統が最後にすがったのが、北京の習近平主席でした。

もともと習主席にSOSを出したのは、隣国ベトナム共産党のグエン・フー・チョン書記長でした。ライバルで親米親日派のグエン・タン・ズン首相のグループに押され、2016年1月の第12回ベトナム共産党大会で引退を余儀なくされそうになっていました。

そこで習主席は、11月5日と6日に急遽、訪越し、グエン・フー・チョン書記長の全面的支援（「習七点」）を約束しました。それによってグエン・フー・チョン書記長は息を吹き返し、逆にグエン・タン・ズン首相を引退に追い込んで再選を決めたのです。しかしこのことはその後、ベトナムにとって中国への大きな「借り」となりました。

6日午前、ハノイのホー・チ・ミン廟《びょう》に献花し、ベトナムでの全日程を終えた習近平主席は、北京に戻らず、その足でシンガポールへと向かいました。

そして7日午後3時、シンガポールのシャングリラホテルで、「習馬会《シーマーフィ》」と呼ばれる「世紀の会談」が実現したのです。中華人民共和国の習近平主席と中華民国の馬英九総統の首脳会談です。1949年に中華人民共和国を建国して以降、66年目のトップ会談でした。

600人以上の記者団が待つ大宴会場に、中国共産党の「党色」である紅いネクタイを締めた習近平主席が向かって右側から、国民党の「党色」である青いネクタイを締めた馬英九総統が左側から現れ、ちょうど中央で握手を交わしました。

習主席は、自分が「主人」で馬総統が「客人」であることを示すため、向かって右側に立ち、右手だけを出しました。それに対して、形式的なことにこだわらない馬総統は、両手を出してがっちりと握手を交わします。握手は1分10秒間も続きました。それは66年の「重い日々」を確認しあう時間と言えました。

私は馬英九総統（当時は台北市長）にインタビューした際、「総統に就任したら（当時の）胡錦濤主席と会う気はありますか？」と聞いてみました。すると馬英九は答えました。

「もちろんだ。私はいつだって北京へ行く用意がある。ただし唯一の条件は、私を『中華民国総統』と呼んでくれることだ」

結局、馬総統の北京訪問は実現しませんでした。その代わり、長く中台間の仲介者だった李光耀《リークアンユー》が建国したシンガポールで、ついにトップ会談が実現したのです。ちなみにこの時は、互いに「習先生」「馬先生」（「先生」は日本語の「さん」に相当）と、互いの肩書を抜いて呼び合いました。

なぜ中国側は「習馬会」に応じたのか？　それは主に3つの理由からでした。

第一に、2ヵ月後に迫った台湾総統選挙で、国民党の朱立倫候補を勝たせるためです。不利が伝えられる朱候補を勝たせるには、台湾人をアッと驚かせるイベントが必要でした。

第二に、習主席には、台湾統一に道筋をつけて歴史に名を残したいという野望がありました。かつて17年間も福建省に勤務しており、かつ台湾統一は崇拝する毛沢東主席の「遺訓」です。習主席は「鶴の一声」で、同年4月に、福建省に自由貿易試験区を設定したほどです。福州、アモイ、平潭《へいたん》の3つのエリア計118㎢を、台湾経済と直結させる計画です。

第三に、アメリカとの敵対関係です。習主席は、9月24日にホワイトハウスで開いた公式晩餐会と、翌25日に開いた米中首脳会談で、バラク・オバマ大統領から、国賓とは思えない屈辱的な待遇を受けました。オバマ大統領は中国を、世界の安全を脅かすサイバーテロ国家で、アジアの秩序を脅かす海賊国家のように非難。中国が「自国の海」と主張する南シナ海に艦艇を送り、「航行の自由作戦」を開始すると宣言したのです。

習近平主席がこれほど恥をかかされたのは、2012年11月に中国共産党トップに立って以降、初めてのことでした。そこで中国周辺を味方につけて対抗しようとしたのです。

習主席は首脳会談の冒頭発言で、こう述べました。

「今日ここに私たちが一緒に座っているのは、歴史の悲劇を繰り返さないためであり、両岸関係発展の成果を失わないためであり、両岸の同胞に平和で安寧《あんねい》な生活を継続してもらうためであり、子々孫々に美しい未来を享受させるためである。新たな情勢を前に、われわれは民族全体の利益を考え、共同で中華民族の偉大なる復興を実現するのだ」

習主席は、①「92コンセンサス」と「一つの中国」の堅持、②両岸関係の平和的発展の堅持と深化、③同胞の福祉の堅持、④中華民族の偉大なる復興の実現という「習四点」を発表しました。

一方、馬総統の冒頭発言は、以下の通りです。

「今日、私と習先生は、それぞれ台湾と大陸の指導者という身分で、66年の時を越えて握手した。これは両岸の過去と未来、中華民族の振興の希望の握手であり歴史的意義を持つ。いまここに習先生と対面しているが、われわれの背後には、両岸を隔てた60年の歴史が横たわっている。この数年間、双方は『対立を対話に変え、衝突を和解に変える』ことで一致し、成果を上げてきた。われわれは永続的な平和と繁栄の目標を掲げ、大声で全世界に向けて、台湾海峡の平和の決意を宣布する。

この7年数ヵ月で、両岸は23の協議にサインし、4万人以上の学生交流を実現し、毎年

800万人の観行客と1700億ドル以上の貿易という空前の成果を上げた」

馬総統が発表したのは、①「92コンセンサス」と「一つの中国」の堅持、②平和的方式による争議解決、③両岸の交流拡大、④両岸のホットライン設置、⑤子々孫々のことを考えた関係構築という「馬五点」でした。

## 馬英九総統による「14問14答」

その後、記者団を締め出して、中台首脳会談が行われました。首脳会談を終えると晩餐会などは行わず、馬英九総統が一人で会見を開きました。その14問14答は以下の通りです。

**記者**：馬総統の5点の建議に、習近平主席はどう反応したか？

**馬**　：今日の会談は細かいことを処理するためのものではなく、原則を述べ合ったものだ。

**記者**：「92コンセンサス」には、「一中各表」も入っているが、習近平は「一中各表」については言及しなかった。これは一部の台湾人を失望させるものだ。

**馬**　：「92コンセンサス」は、1992年11月16日に正式に確定した時、両者が一つの中国を堅持するが、それが何を意味するかは双方が含んでおくということにしたから、口頭での合意としたのだ。習先生もそれをもとに、下部組織に指示を与えている。

**記者**：習先生に、台湾に向けたミサイルを撤去せよとは言わなかったのか？

**馬**　：もちろん言及したし、彼が台湾人の気持ちを重視することを望む。

**記者**：国際社会で台湾がもっと認められるようにということは言わなかったのか？

**馬**　：私は民間ＮＧＯの国際組織への参加と、ＴＰＰ（環太平洋パートナーシップ協定）、ＲＣＥＰ（東アジア地域包括的経済連携）といった地域の経済体の参加について主張した。

**記者**：昨年、両者が会うことは「92コンセンサス」と「一中各表」を確固たるものにするのに役立つと述べていたが、今日会ってどうだったか？

**馬**　：まさにその通りだと思った。今日は雰囲気もよく、前向きな話が多かった。次の中華民国総統も「92コンセンサス」を推し進めれば、両岸関係は前に進んでいくだろう。

**記者**：台湾は、ＡＩＩＢ（アジアインフラ投資銀行）に、いつどんな身分で入るのか？

**馬**　：私はＮＧＯ方式を提案したが、彼（習主席）は、「二つの中国」「一中一台」を形成するのでなければ、何でも考慮すると言った。

**記者**：今日はシンガポールでどんな印象を持ったか？

**馬**　：今日は個人のためでも政党のためでもなく台湾の未来のためだ。それが私の目的だ。

**記者**：今回の会談の二つの重要目標が、ミサイル撤去と「一中各表」だ。でも習先生は、このどちらも受け入れなかった。

**馬**：習先生はこの問題に関わって、もう27年か28年になるから、われわれの主張は十分理解している。今日は60年の隔絶《かくぜつ》が解けた日なのだ。私はAPECでの会談を希望したが受け入れられず、今日の第三地での開催となった。これから一歩一歩進めていく。

**記者**：習先生の訪台は要請しなかったのか？

**馬**：それはしなかった。一歩一歩だ。

**記者**：「92コンセンサス」を最新の「15コンセンサス」にバージョンアップしないのか。

**馬**：ワインではあるまいし、毎年変えるなんて。「92コンセンサス」で十分だ。

**記者**：退任までに、二度目の「馬習会」はあるか？

**馬**：今日の一連の行事も終わっていないのに先のことを言わないでくれ。水路は通した。

**記者**：習先生と握手した時、背広のボタンを締めなかったのは、特別な意味があるのか？

**馬**：握手しやすいようにしただけで、特に意味はないよ。互いに力を込めて握った。

**記者**：あなたの任期中に両岸関係は大きく進展した。今日の会談はその締めくくりか？

**馬**：今回の会談の目的は、門を開けることだ。私の任期はあと6ヵ月で、習先生はあと7年あまりだ。だが世界一複雑な両岸関係は長く続いていく。大局を見ることが大事だ。

**記者**：次の総統が「92コンセンサス」を認めなかったらどうするのか？

**馬**：この7年間の両岸関係の目覚ましい進展と、66年間で最も平和で安定した状態は、

「92コンセンサス」を基礎としているからに他ならない。私がなぜ「二つの中国」「一中一台」「台湾独立」などと言わないか分かるか？　それは中華民国憲法が禁じているからだ。私は憲法を一字一句諳《そら》んじている。中華民国総統とは、そのような立場なのだ。

14問14答を省略なく訳したのは、同じ漢民族でありながら、台湾にあって中国にない自由と民主のありがたみを、紙上で再現したかったからです。ちなみに同日夜、台湾で雲林県を訪問中の蔡英文候補は、記者団から「習馬会」の感想を問われて、こう答えました。

「馬総統の口から、台湾の民主、台湾の自由が出て、中華民国の存在をアピールしてくれたことを願う。さらに重要な、台湾人の自由な選択の権利もだ。

だが今回の会談は、未来の両岸関係における台湾人の選択に足枷《あしかせ》をはめるもので、大変遺憾だ。2300万台湾人の選択の権利、政治的前提を伴わない往来、対等の尊厳という3つに至らなかった行為だ。

台湾人はこの20数年の民主化の過程で、民主と自由を持つ人間になった。民進党はそれらをさらに体現していき、今回の会談の『傷口』を塞いでいく」

# 第９章 蔡英文vs習近平 2016年〜2021年

## 「李登輝チルドレン」の民進党主席

「2012年の総統選挙に敗北したあの夜、多くの人たちが傷つき、涙を流しました。あれから4年が過ぎました。私たちが今直面しているのは、これまで先送りされてきたさまざまな問題の解決が迫られている時代です」

蔡英文《さいえいぶん》総統は、2016年6月に日本版が発行された著書『蔡英文　新時代の台湾へ』でこう述べています。

2016年1月16日に行われた台湾総統選挙は、民進党の蔡英文候補が689万票を獲得。国民党から急遽《きゅうきょ》立ち、381万票を獲得した朱立倫《しゅりつりん》候補に圧勝しました。台湾で三たび、政権交代が実現したのです。同日行われた立法委員（国会議員）選挙でも、民進党は40議席から68議席へと躍進。逆に国民党は、64議席から35議席に激減しました。

蔡英文は、1956年8月31日に、台北市中山区で生まれました。父・蔡潔生《さいけつせい》は台湾南部の屏東《びょうとう》県の客家《ハッカ》（中華圏の流浪の民族）で、中国大陸の満州国に渡って満州機械学校に入り、戦後、台北で自動車整備工場を開きます。これに成功すると、不動産業とホテル業に手を広げました。11人いた子供の末っ子が英文で、裕福な家庭環境で育ちました。

幼少期から成績優秀で、1974年に台湾大学法学部に入学。卒業後、1980年に米コーネル大学に留学し法学修士、1984年に英ロンドン・スクール・オブ・エコノミクスで法学博士を取得。国立政治大学の助教授、教授を経て、東呉大学教授に就任します。

1986年から、国際法の専門家として台湾の国際貿易交渉に関わるようになり、1992年から2000年まで政府の貿易交渉の主席法律顧問に就きます。その間、1994年に李登輝総統に見出されて行政院大陸委員会諮問委員になり、1999年に李総統が打ち出した前述の「特殊な国と国の関係」の理論づけを行ったことで有名になりました。

2000年に陳水扁民進党政権が誕生すると、大陸委員会主任委員となり、2004年9月に民進党に入党。同年12月の立法委員（国会議員）選挙で初当選を果たします。2006年1月、蘇貞昌行政院長（首相）に請われて、副院長（副首相）に就任。翌2007年5月、蘇内閣の終了とともに公職を去ります。この頃、国民党の馬英九総統候補から、党をまたいで副総統候補へのアプローチが来ましたが、応じませんでした。

2008年5月に、汚職まみれとなった陳水扁政権から馬英九政権に交代すると、汚職イメージがないことと、民進党内の派閥闘争に無関係という理由で、女性初の民進党主席に就任します。しかし2010年11月、台北市を取り巻く新北市の市長選に出馬し、「国民党のホープ」朱立倫に惜敗し、初めて挫折を味わいました。その後、2012年の総統選挙でも馬英九総統に惜敗し、再び政界を離れます。しかし2014年3月に、三たび民進党主席に就任。2016年1月16日の総統選挙で、ついに最高権力ポストを手にしたのです。私生活では独身を貫いていて、猫と暮らしています。

蔡英文圧勝を受けて、中国側は、5月20日の総統就任演説で「一つの中国」と「92コンセンサス」を強調するよう様々なルートを使って圧力をかけました。

蔡英文第7代中華民国総統の就任演説を、私は台湾のインターネットTVの生中継で観ましたが、以前より表情が険しくなっていたのが印象的でした。いわば「学者の顔」から

「政治家の顔」へと変貌を遂げたのです。

## 「脱中国」による経済成長を目指そうとした

就任演説は非常に長いものでしたが、平易な表現で、自分の考えを一気呵成に吐き出しました。全体は7つ（序文、第1～5、結語）に分かれていて、まず序文で高らかに述べます。

「台湾は再度、民主と自由人として、行動によって世界に訴えかけた。われわれは民主自由の生活方式を死守していくという固い信念だ。（中略）国家はリーダーのために偉大なのではなくて、国民全体の共同の奮闘によって、初めて偉大な国家となるのだ」

序文は、「自由と民主」がなく、習近平総書記を「偉大なリーダー」と崇めるよう強制している中国に対するアンチテーゼとも受け取れます。

続く第1は、「経済構造の変化」です。

「私たちは台湾経済を換骨奪胎《かんこつだったい》させていく。すなわち新南向《しんなんこう》政策を推進し、対外経済の局面と多元性を引き上げ、これまでのような単一市場に依拠する現象におさらばする」

李登輝時代の1992年8月、中国を警戒して台湾企業を東南アジアに向かわせる「南向政策」を打ち出しましたが、これを見習って「新たな南向政策」を取るというのです。これは安倍政権の「チャイナ＋1」政策に通じる「脱中国」戦略です。

第2で「社会的セーフティネットの強化」を、第3で「社会の公正と正義」を述べた後、第4「地域の平和で安定した発展と両岸関係」で、再び対中関係に言及しました。

「私たちは他国と資源・人材・市場を共有し、経済規模を拡大し、資源の有効利用を行っていく。『新南向政策』こそが、そのような精神のもととなるのだ。

1992年に両岸は2度にわたり、同じものを求めても差異が存在するという政治的思《し》惟《い》の了解を持ち、対話と協商を進め、若干の共同認識と了解に達成した。これを尊重する政治の基礎となっているのは、第一に、1992年に両岸が2度、会談を行った歴史的事実と、同じものを求めても差異が存在する共同認識。第二に、中華民国の現行の憲政体制。第三に、両岸が過去20数年間、協商・交流してきた成果。第四に、台湾の民主の原則と、普遍的な民意だ」

中国側が金科玉条のように主張する「92コンセンサス」は、一応尊重はするけれども、「歴史の一コマ」というニュアンスです。おそらくこの「尊重する」という単語は、1972年の日中共同声明や1979年の米中共同声明にならったのだと思います。「中国に対して認めることが可能なボトムのライン」を、日米に合わせたのです。

同様に、中国側が要求した「一つの中国」については、「中華民国の現行の憲政体制を政治の基礎にする」という言葉で代行しました。「そんなこと憲法に書いてあるでしょう」

というわけです。しかし、それまで7回も改正されてきた中華民国憲法を、改正しないとは明言していません。

第5が「外交と世界的議題」で、「台湾が世界へ出て行き、世界を台湾に受け入れる」として、こう述べます。

「台湾は全世界の公民社会の模範生だ。民主化を果たして以降、終始、平和・自由・民主及び人権という普遍的な価値を堅持してきた。今後ともこの精神を堅持しながら、世界的な議題である価値観同盟に加わっていく。引き続き、アメリカ・日本・欧州を含む友好的な民主国家との関係を深化させ、共同の価値観のもとで全方位的な協力を推進していく」

このあたりの発言は、当時の安倍政権が唱え始めていた「自由で開かれたアジア太平洋」「価値観外交」の構想と軌を一にしています。

そして結語で、「2016年に一気に国家を新たな方向へと導いていくのだ」と述べ、最後は台湾語で「この一日、勇敢な台湾人よ！」と叫んで締めました。

まさに馬英九国民党政権時代とは、まったく別の台湾を作っていくと宣言したのです。そのキーワードは、「脱中国」です。

蔡英文新総統の考えは明快でした。「陳水扁先輩」の失敗は経済と外交安保問題に疎かったことと総括。その活路を中国以外の民主国家に見出していこうというのです。

馬英九国民党政権の失敗も、過度の中国傾斜にあったと総括します。前年の2015年は中国経済が失速した年で、特に6月から7月にかけて、3週間で上海総合株価指数は32％も暴落しました。そのため、「台商」（中国進出した台湾商人）に頼っていた台湾の同年の経済成長率は0・85％と、6年ぶりの低成長に終わりました。蔡英文総統はこうした教訓から、「脱中国」による経済成長を目指そうというのです。

## 習近平政権による経済・軍事両面の圧力

この就任演説に、中国側の反応は、予想通り厳しいものでした。5月22日に新華社通信が報じた倪永傑《げいえいけつ》上海台湾研究所常務副所長（雑誌『台湾研究』編集長）の寄稿文が、中国側の心境を代弁しています。

〈誰もが最も注目していたのは、「92コンセンサス」を肯定するのか否定するのかということだった。それなのに、彼女はこの根本的な問題に答えていない。そもそも台湾の新たな指導者のスピーチは、約6000字にも及んだが、そのうち両岸関係について述べたのは、400字分にも満たなかった。しかも台湾の「主体性」ばかり言っている。両岸関係を近づけるのではなく、遠ざけようとしているようだ。

民進党が熱心なのは、「政治的反中」「法律的倒中」「文化的去中」「経済的離中」、そして「戦略的制中」である。彼女が言行不一致に陥り戯言《ざれごと》を吐くなら、両岸関係は李登輝、陳水扁の風雲の時代の再来となろう。そうなれば彼女の政治的信用は地に堕《お》ちる。「一つの中国」の原則を定めた「92コンセンサス」を明確に承認しないことは、両岸の協商を毀《き》損《そん》し、「ホットライン」は無意味となる。その責任は当然、民進党執政当局が負うことになる〉

習近平政権は蔡英文政権に対して、経済的な締めつけを強めていきます。まず手を付けたのは、台湾への中国人観光客を減らし、台湾経済を干《ほ》していくことでした。「年末までにひと月20万人以下にせよ」という指令が出たと言います。

実際、蔡英文総統が就任前の4月は37・5万人の中国人観光客が訪台していましたが、就任時の5月は32・7万人、6月は27・1万人と、以後下がっていきます。年ごとに見ても、2015年の414万人をピークに、2016年から2019年にかけて、351万人、271万人、269万人、271万人と減っていきました。同様に、中国大陸に進出している「台商」たちに対しても、有形無形のプレッシャーを加えていきます。

しかし蔡英文総統は、中国側の度肝《どぎも》を抜く戦術に出ました。12月2日、前月8日の米大統領選に勝利したドナルド・トランプ次期大統領に電話をかけ、祝意を述べたのです。台湾の外交部は、蔡英文総統が机上の電話機に向かってトランプ次期大統領と親しげに話している写真まで公開しました。台湾の総統が、国交のないアメリカの大統領、もしくは次期大統領と直接話をしたのは、1979年の米中国交正常化以降、初めてのことでした。

中国側はこれに猛反発し、アメリカ政府に厳重抗議します。しかし、当時のアメリカ政府はバラク・オバマ政権であり、「お門違い」というものです。当のトランプ次期大統領は平気の平左で、ツイッターでつぶやきました。「アメリカは台湾に何十億ドルもの兵器を売っているというのに、おめでとうの電話を受けてはいけないとは興味深いな」

さらにトランプ次期大統領は、12月11日にFOXテレビのインタビューで、「『一つの中国』を認めるかどうかは中国次第だ」と放言しました。

ここから中国は、トランプ新大統領を「理念の政治家」ではなく「実利の政治家」と捉え、実利を与えることで台湾への肩入れを抑え込んでいこうとします。トランプ大統領が初訪中を果たした2017年11月、中国は2535億ドルものアメリカ製品などを購入する契約を結び、トランプ大統領は習近平主席を、「あなたは過去300年の中国で最も偉大な指導者だ」と誉め称えました。台湾贔屓《びいき》として知られるジョン・ボルトン元大統領安保担当補佐官は、後に『ジョン・ボルトン回顧録』でこう記しています。

〈トランプは、台湾のこととなると特別気難しかった。いくつかのバリエーションはあったものの、シャーピー（米製の油性マーカー）の先端を指さして「これが台湾だ」と言ってから大統領執務室の机を指し「これが中国だ」というのがトランプお気に入りのたとえだった。米国が民主主義の同盟国に対して果たすべき約束も責務も、せいぜいそんなものだった〉

このように、トランプ大統領は台湾に対する思い入れなど持っていなかったのです。中国は、台湾に対して激しい軍事的圧力もかけていきます。台湾の中央通信社は2016年12月26日、台湾近海に初めて、中国の空母が出現したニュースを伝えました。「中国大陸の空母『遼寧《りょうねい》』が、25日に日本の沖縄本島と宮古島の間の海域を通過し、西太平洋に出た。『遼寧』の他、052D型駆逐艦『長沙』、052C型駆逐艦『鄭州《ていしゅう》』、『海口』、054A型護衛艦『煙台』、『臨沂《りんき》』、056軽型護衛艦『株洲《しゅしゅう》』、総合補給艦『高郵湖』だ。この編隊が台湾南部の海域に接近するかを、国軍は厳しく監視している」

大晦日には蔡英文総統が、新年の会見に臨み、次のように述べました。

「この数ヵ月というもの、台湾人民は、(中台)双方が理性と冷静な立場を維持しようとする努力が、すでに変化しつつあることを、不断に感じ取ってきた。北京当局はまさに一歩一歩、台湾を分化させ、圧力を加え、ひいては威嚇《いかく》や恫喝《どうかつ》というかつての道に戻り始めている。このような行為が、台湾人民の感情を損ね、両岸関係の安定に悪影響を与えていることを伝えておく。われわれは圧力には屈しないし、昔の状態には戻らない」

一方の習近平主席も、大晦日のCCTV「新年の国民向けメッセージ」で強調します。「領土主権と海洋権益に関するいかなる言いがかりも、中国人民は決して認めない！」

私は1990年代の半ばから、国家主席が大晦日にCCTVを通じて述べる恒例の「新年の国民向けメッセージ」を見てきましたが、これほど激しく台湾に言及したメッセージは初めてでした。習主席は、2017年の元旦から空母『遼寧』で台湾進攻を想定した戦闘機の発着訓練を命じ、その生々しい様子がCCTVを通じて流れました。以後、習近平政権が現在に至るまで、台湾に対する軍事的圧力を強めているのは周知の通りです。

## 「民主でメシは食えない」という政権批判

2017年1月20日、第45代のトランプ米大統領が就任しました。トランプ大統領の初年は、台湾問題より北朝鮮問題に手一杯で、台湾は「米朝激突」の影に隠れてしまいました。ところが2018年に入ると、2月の平昌《ピョンチャン》冬季オリンピックを契機として、米朝が雪解けムードとなり、6月12日についにシンガポールで、トランプ大統領と金正恩総書記の歴史的な米朝首脳会談が開催されました。

この会談は、私も現地へ行って取材しましたが、シンガポールのある外交官は、嬉しい悲鳴を上げていました。「今回は3000人もの記者たちが世界から訪れており、まさか『習馬会』（2015年11月の習近平・馬英九会談）を超えるビッグイベントがわが国で開かれるとは思っていなかった」

その間、蔡英文政権はといえば、目標にしていた目覚ましい経済発展を果たせませんでした。GDP成長率は、2017年が2・4%、2018年が2・1%でしたが、中国人観光客の「爆買い」が消えた影響は顕著でした。中国大陸から「敗走」を余儀なくされた「台商」たちも非難轟々《ごうごう》です。国民党は、2期目の馬英九政権で副総統を務めた呉敦義《ごとんぎ》が、2017年8月20日に第13代主席に就きましたが、「民主でメシは食えない」を合言葉に、蔡英文政権に対する攻勢を強めていきました。

そんな中、蔡英文政権にとって「中間選挙」とも言える統一地方選挙が、2018年11月24日に台湾全土で行われました。私は投票が締め切られた台湾時間午後4時（日本時間午後5時）から始まった台湾のインターネットTVの開票速報を見ていて、台湾の地図が青色に染まっていくのに驚愕《きょうがく》しました。22の市県長ポストのうち、民進党は13地域から6地域へと半数以下になったのです。「六都」（主要6都市）の市長選のうち、桃園市と台南市しか死守できませんでした。逆に野党・国民党は、8地域から15地域へと躍進。「六都」では、新北市、台中市、高雄市の市長を押さえました。開票開始から数時間後には、「敗戦投手蔡英文」「民主退歩党」……という見出しが並びました。

統一地方選挙の最大の立役者は、国民党に彗星《すいせい》のごとく現れた、当時61歳の韓国瑜《かんこくゆ》元立法委員でした。小さな市場の経営者だった韓国瑜は、過去20年にわたって民進党の金城湯池《きんじょうとうち》だった南部最大の都市・高雄の市長選で、国民党候補が誰も名乗りを上げないのを見かねて、自ら出馬します。そして奇抜な選挙スタイルで、注目を集めていきました。

私が台湾のTVニュースで鮮明に記憶しているのは、高雄市の商店街を自転車で選挙運動中、突然、床屋に入っていった光景です。スキンヘッドを洗ってもらいながら、TVカメラに向かって叫びます。「オレは市民のために頭を使いすぎて、髪の毛がたったの100本になっちまった。でもこの通り、透明な政治を行うからな、ハッハッハッ！」

万事この調子で、まるで市場で野菜の叩き売りでもしているように演説します。そうした国民党のイメージとかけ離れた庶民性が受けて、高雄で「韓流ブーム」が起こりました。

韓候補は、「民主でメシは食えない」「隣に世界最大の経済成長を遂げる同胞がいるのになぜ背を向けるのか？」と蔡英文政権を批判。中国大陸からのインバウンド収入が激減した高雄市民の支持を得ていきました。中国共産党から選挙資金を受けていると非難されても、意に介しません。そして、元高雄市長代理で民進党の陳其邁《ちんきまい》候補を破って、奇跡の勝利を果たしたのです。蔡英文総統の面目は丸潰れです。

私は、この統一地方選挙で蔡英文総統が、かつての陳水扁総統のように住民投票の同時実施にこだわったことも、敗因につながったと思いました。しかも、陳総統が強行した住民投票は2種類でしたが、蔡総統は10種類も行ったのです。

台湾のTVで投票風景を見ていると、有権者たちが投票所で並ぶ、並ぶ。中には3時間も待たされて怒り出したり、途中でトイレに行ったら最後尾に並ばされて投票をやめてしまったりというケースもありました。これでは、本来なら民進党に一票を投じようとしていたのに、「反蔡英文」に回った有権者もいただろうと思えてきます。

ちなみに10種類の住民投票の内容と合否は、以下の通りです。火力発電反対（○）、火力発電所建設反対（○）、日本の5県（福島・茨城・群馬・栃木・千葉）の食品輸入禁止（○）、原発停止の停止（○）、婚姻定義改正（○）、性別義務教育（○）、同性伴侶容認（○）、同姓婚容認（×）、性別教育容認（○）、台湾名での東京オリンピック参加（×）です。

3番目の福島原発問題は、「反対核食」と書かれていました。「核食」などという文字を見ては、反対するに決まっています。この住民投票の効力は2年でしたが、2020年11月の失効後も、蔡英文政権は日本の食品輸入問題で重い腰を上げようとしません。

この時の選挙を見ていて、私は民進党幹部たちの元秘書役だった人物がかつて語ってくれた蔡英文評を思い出しました。

「民進党の中で最も総統に向いていないのが、蔡英文だ。彼女は政治家のブレーン学者としては有能だが、政治家に必要な要素、例えば幅広い戦略的ビジョンとか、大勢をまとめ上げていく人間的魅力とか、清濁併《せいだくあわ》せ呑《の》む胆力《たんりょく》といった資質に欠けている。私は彼女に書類を提出するたびに、接続詞や句読点の使い方まで細かく直されたことを思い出す。こういう性格の人が2300万台湾人のトップに立って、うまく舵取りできるとは思えない」

蔡英文総統は、台湾時間の夜9時5分に、民進党の選対本部に現れました。いつもの白いシャツに紺のジャケットを羽織っていましたが、沈鬱《ちんうつ》な表情を浮かべ、絞り出すような低音で、1分28秒にわたって声明を読み上げました。

「執政党の主席という身で、本日の地方選挙の結果に対して、私は完全に責任を負っています。いまこの場で民主進歩党の主席を辞任します。真摯に謝罪します……」

この時の選挙は、「中国に統一されたくはないが、中国経済は活用すべきだ」という台湾人の民意を反映したものでした。この日、蔡英文政権の「脱中国」戦略は、いったん瓦《が》解《かい》します。政権支持率は約15％まで落ち込み、頼清徳《らいせいとく》行政院長（首相）が反旗を翻して、辞任してしまいました。このまま沈みゆく「ドロ船」に乗っていては、2021年1月の総統選挙に出馬できなくなると判断したのです。

## 「台湾同胞に告げる書　40周年記念重要講話」

一方の中国の「変化」についても述べます。中国では、習近平主席が2017年7月1日の香港返還20周年を機に香港入りして、人民解放軍の閲兵式《えっぺいしき》を行ったあたりから、台湾問題を再考するようになりました。同年10月、第19回中国共産党大会が開かれ、強固な習近平体制が確立されます。

翌2018年3月、習主席は全国人民代表大会で憲法を改正し、「2期10年」としていた国家主席の任期を撤廃しました。これは自らの長期政権への道筋をつけたものでしたが、この時、私は北京で、こんな噂を耳にしました。

「習近平主席は、自らの『3期目15年』（長期政権）の許諾《きょだく》を得ようと、共産党の長老たちを説得して回った。その際、自分の時代にどうしても台湾統一の大業を実現させたい、そのためには2022年秋の第20回共産党大会以降も、自分の体制を継続する必要があると述べた。台湾統一は、1949年の建国以来の悲願なので、反対者は出なかった」

2018年3月20日、憲法改正や政府幹部人事、省庁再編などを習主席が意のままに組み替えた全国人民代表大会が閉幕します。するとその2日後に、トランプ大統領が中国を非難する演説を行い、米中貿易摩擦が勃発《ぼっぱつ》したのです。この時から米中関係は大揺れとなり、「米中新冷戦」と言われるようになりました。

そうした中、同年末の蔡英文政権の絶体絶命のピンチを受けて、2019年正月、習近平主席が動きました。1月2日、人民大会堂で「台湾同胞に告げる書 40周年記念重要講話」を発表したのです。習主席の講話というのはいつも長いのですが、この時の「民族の偉大なる復興を実現するため、祖国の平和統一を推進し、ともに奮闘しよう」と題した講話も、延々1時間近く続きました。私は北京にいて、CCTVの特別番組で観ました。

習主席はまず、なぜ祖国が分かれてしまったかについて言及しました。

「1840年のアヘン戦争の後、西側の列強が入侵し、中国は内憂外患に陥った。山河は破壊されて悲惨な境地となり、台湾はさらに異民族（日本）の侵略占領が半世紀の長きに及んだ。そこで1949年以来、中国共産党、中国政府、中国人民は終始、台湾問題解決のため、祖国統一の実現が一貫した歴史的任務であるとみなしてきた」

続いて、祖国統一の手段としての「一国二制度」に言及します。

「70年来、われわれは両岸関係発展の時代の変化を把握し、台湾問題を平和的に解決する主張と、『一国二制度』という科学的構想を提案してきた。『平和統一、一国二制度』を確立し、『一国二制度』を堅持しながら祖国統一を推進する基本方略を形成してきたのだ。これが新時代に両岸関係の平和発展を推し進める回答だ。台湾同胞と団結し、一致して民族の偉大なる復興と祖国の平和統一を果たすという時代の命題への回答なのだ」

前述のように「一国二制度」とは、「社会主義国の一部で一定期間、資本主義を容認する」という考え方で、鄧小平時代の1981年に台湾に対して提起しました。そして成功例を示すため、1997年に香港がイギリスから中国に返還された際、「現有の資本主義制度と生活方式を保持し、50年変えない」（香港基本法第5条）として実践したのです。

習主席はこの「一国二制度」を改めて持ち出した上で、新たに5点を提起しました。いわゆる「習五点」で、次の通りです。

①平和的統一目標の実現、②「二制度」の台湾方式模索、③「一つの中国」堅持、④両岸の融合的な発展の深化、⑤平和統一の同一認識の増進。

私はこの人民大会堂の講話のすぐ後、北京でこの会に参加した人物に、習主席の意図について聞きました。するとしばらく黙考した後、こう答えました。

「あくまでも個人的な印象だが、私は江沢民、胡錦濤の時代から台湾問題に関わってきた。でも、前任の二人と習主席は、同じことを言っていても、言葉の重みが違う。前の二人は、一つの概念として『祖国統一』を唱えていたが、習主席は本気で統一しようとしている感じがする。政権のスローガンである『中華民族の偉大なる復興』の中に、台湾も組み込もうとしている。何と言っても、自分たちはこれから世界一の強国になるのだから、台湾同胞もその一員になるのはありがたかろうというわけだ」

台湾人が、強国化する中国の一員になるのをありがたがるという発想は、興味深いものがあります。ともあれ習主席にとって、「平和的統一」と「一国二制度」がワンセットになっていることが分かります。換言すれば、「一国二制度」を諦《あきら》めた時、平和的な統一も諦めるということです。このことは２０１９年後半以降、徐々に明白になっていきます。

## 「韓国瑜・傀儡政権」をもくろんだ中国

同年6月13日、民進党は、翌年1月の総統選挙の公認候補に、蔡英文総統を再び選びました。この時、民進党の「次世代のホープ」鄭文燦《ていぶんさん》桃園市長は出馬せず、蔡総統の支持に回りました。桃園市長に選ばれてまだ半年余りで、かつ民進党は圧倒的不利が伝えられていたため、自重したものと思われます。蔡英文政権から1月11日に飛び出した頼清徳《らいせいとく》前行政院長が唯一、対抗馬として出馬しましたが、支持は伸びませんでした。蔡総統が一番困っている時、再三、留任を懇請《こんせい》されたにもかかわらず、総統を蹴とばした「裏切者」というイメージが悪影響したためです。加えて頼清徳は、民進党内で人望はいま一つです。

政治家・蔡英文の「進化」を感じたのは、そんな頼清徳を赦《ゆる》し、コンビを組む副総統候補として招き入れた時でした。以後、頼清徳は蔡英文の「忠犬」となります。

一方、野党・国民党は、逆に誰が公認候補になっても総統選で勝てると囁《ささや》かれるほどでした。「本命」朱立倫前新北市長の他に、4月17日には、政治家でないホンハイ（鴻海精密工業）の創業者・郭台銘《かくたいめい》会長が、総統選出馬を表明します。郭会長は、１９８８年に台湾の大手企業として初めて中国に進出し大成功を収めました。年間21・6兆円（２０２０年連結決算）の売上高を誇る「台湾首富《ショウフー》」（台湾ナンバー1の富豪）です。トランプ大統領とも親しく、「米中新冷戦」と言われる中、「台湾で米中の架け橋になり、台湾をハイテクの島にする」と主張。台湾のＴＶでは、「ホンハイを守るには自分が総統になるしかないと結論づけたのだ」と政治評論家が解説していました。

国民党候補として、最後にもう一人、6月1日に意外な政治家が出馬宣言しました。「4年間は絶対に高雄市長を務めあげる」と公約して、前年11月に奇跡の勝利を収めたばかりの韓国瑜高雄市長です。「私が総統になれば高雄市民のためにさらに全力を尽くせる」と弁明しました。

なぜ韓市長は突然、出馬を表明したのでしょうか？　中国が強く後押ししたのではないでしょうか。韓市長は3月22日から28日まで、中国、香港、マカオを訪問。中国で台湾問題を統括する劉結一《りゅうけついち》国務院台湾事務弁公室主任と長時間会談しています。そして「4年間で52億台湾ドル」（約２１０億円）という破格の農産物輸出許可を取りつけました。

どうもこの時、中国側は、韓国瑜総統が誕生すれば自らの「傀儡《かいらい》政権」になると見て、総統選への出馬を促したのではないかと思うのです。もちろん韓市長としても、「奇跡よもう一度」という野心を抱いていたことでしょう。結局、「庶民総統」を掲げた韓国瑜市長が、7月15日に国民党の公認候補に選出されました。

## 空前絶後の高得票を獲得し再選

ところがここから、台湾総統選挙戦は思いがけない方向へと展開していきます。6月初旬、私は天安門事件30周年を迎えた香港を取材しましたが、そこでただならぬ気配を感じました。米中貿易摩擦が直撃し、香港は大不況に陥っていたのです。多くの若者が職にありつけず、多額の中国資本が流れ込んで不動産価格は高騰《こうとう》していました。昼にワンメーターだけタクシーに乗ったら、「今朝から初めての客だ」と運転手に感謝されたほどです。

そんな香港で、6月9日から激震が始まったのです。きっかけは、林鄭月娥《りんていげつが》行政長官が、中国政府からの圧力を受けて、逃亡犯条例を改正しようとしたことでした。これは、中国政府が「犯罪容疑者」と認定した香港人を、中国大陸に移送できるようにするなどとした法律改正です。740万香港人からすれば、この法律改正が通れば、自分もいつ何時、中国大陸に「拉致」されてしまうかもしれないとして、大規模な反対運動を起こしたのです。その背景には、前述の不景気による若者たちの閉塞感がありました。

6月9日の日曜日、参加者103万人という香港返還以来22年で最大規模のデモが起こりました。さらに翌週末の16日には、200万人に膨れ上がりました。香港市民の実に3割弱が街頭へ出て、拳《こぶし》を振り上げたことになります。デモは「5大要求」（逃亡犯条例改正撤回、デモを暴動とみなす見解撤回、警察の暴力に対する独立調査、拘束者の即時解放、行政長官と立法会の普通選挙実施）を掲げて、大きなうねりになっていきました。

9月4日に林鄭長官が、逃亡犯条例改定の撤回を表明しますが、時すでに遅しで、香港は内戦状態のようになっていきました。11月23日に行われた区議会議員選挙では、民主派が389議席と、建制（親中）派の60議席を圧倒しました。直後にトランプ政権が、アメリカが香港の民主の状況を毎年監視するとした香港人権民主主義法を成立させます。

2020年1月11日に行われた台湾の総統選挙及び立法委員選挙は、こうした香港情勢の影響をもろに受ける格好となりました。国民党の韓国瑜候補が唱えていた「民主でメシは食えない」というスローガンは、すっかり「空砲」と化します。それどころか、「香港のことはよく知らない」と韓候補が口を滑らせたことが問題視されました。

逆に蔡英文総統には、猛烈な追い風が吹きました。「今日の香港が明日の台湾になってもよいのか？」「民主がないとメシは食えない！」――台湾へ取材に行くと、蔡英文陣営はどこの演説会場でも、この二言《ふたこと》を叫んでいました。もうこの二言で十分という感じです。

選挙結果は、蔡英文総統が817万231票という、空前絶後の高得票を獲得しました。2008年の総統選で馬英九候補が765万票を取って当選した時、この記録は二度と破られないと言われました。ところがその12年後に、さらに50万票以上も上乗せしたのです。国民党の韓国瑜候補は552万票で敗北。その後、高雄市長の座もリコール投票に遭って追われました。同時に行われた立法委員選挙でも、民進党が全113議席の過半数を超える61議席を獲得してダブル勝利。国民党は38議席に沈み、解党的出直しを迫られました。

選挙日の午後9時、私たち記者が待ち受ける民進党本部前テントの会見場に、蔡英文総統が姿を見せました。その周りを数万人の若い台湾市民たちが取り囲み、大歓声を送っています。私たちは「大記録」に敬意を表し、スタンディング・オベーションで迎えました。「謝謝、謝謝……」。いつもの黒シャツに灰色のジャケットを羽織った63歳の蔡総統は、ちょうどその時、空に照っていた満月のような満面の笑みを浮かべていました。

「今日、台湾人は、投票という行動によって、私がこの4年間やってきた方向は正しいのだということを示してくれました。そして今後4年間、自信を持って、台湾を正しい方向に導いていくと保証します。私たちは国際社会に向けて、民主の価値を示したのです。中華民国台湾は、国際社会の仲間入りをして、国際社会とともに発展していきたい。われわれは独立した国際社会のメンバーなのです。台湾は主権と民主を持っているのです。

この3年間というもの、（中国との）ボトムラインを守ってきました。中国のプレッシャーに負けないできました。『一国二制度』の政治的圧力、台湾海峡の軍事的圧力……。これからも民主の力によって、防衛していきます。

平和・対等・民主・対話の4つが唯一の道です。平和とは北京が台湾への武力行使を放棄すること。対等とは双方が互いの存在を認め合うこと。民主とは台湾の前途は2300万台湾人民が決定すること。対話とは双方が膝《ひざ》を交えて未来について話し合うことです。北京当局は民主の台湾は動かないことを知るべきで、それが両岸関係の答案です」

翌12日の台湾最大紙『自由時報』は、社説にこう記しました。

〈今回の選挙は、外的な要因が間違いなく最大の特色だった。特に中国の形勢判断の誤りが、台湾の有権者の激烈な反感を買った。民進党は中国共産党に感謝すべきである。習近平その人が、蔡英文の最有力サポーターとなったのだから〉

考えてみれば、中国は台湾に適用するために「一国二制度」を編み出し、その成功例を台湾人に示すために「一国二制度」を香港に適用したわけです。それにもかかわらず、自ら香港の「一国二制度」を破壊し、台湾人に「ＮＯ」を突きつけられたのです。

## 台湾社会を巡る3つの大変化

私はこの時、約一週間台湾で取材を行う中で、強い印象を持ったことが三点ありました。

第一に、「時間は中国に味方しない」ということです。前述のように、１９９０年代に台湾で「２００５年問題」が取り沙汰されました。これは、台湾海峡で中台が一戦交えた場合、２００５年以降は台湾が負けてしまうという懸念です。実際にその後の中台間の「軍事力格差」は開く一方で、日本から見ていると、いまにも台湾が中国人民解放軍に押し潰されてしまいそうです。事実、蔡英文政権1期目の4年間で、台湾を承認する国の数は、22ヵ国から15ヵ国へと、7ヵ国も減りました。

ところが台湾では、劇的とも言える世代交代が起こっていました。私の台北の同世代（50代）の友人に、出版社の編集長夫妻がいます。彼らの80代の両親4人は、昔から蒋介石・経国父子のファンで、常に国民党に投票します。50代の彼らは、その時々の政策や雰囲気によって投票行動を変えます。この時は民進党に投票しました。ところが彼らの20代の娘と息子は、国民党には一顧《いっこ》だにせず、「政治＝民進党」という認識なのです。つまり近未来に台湾内で、「親中派」というのは絶滅危惧種のようになっていくのです。

これは時間の経過とともに、いまの台湾の「独立した状態」が固定化されることを意味しています。つまり追い詰められつつあるのは、中国側ということです。

第二に、「超内向き」の新世代の出現です。私は「首投族《ショウトウズー》」（初めて投票に行く若者の意）10人ほどに、約1時間話を聞きました。

これまで台湾は、「国民党シンパ＝親中派」と、「民進党シンパ＝反中派」という大まかなくくりで二分されてきました。「あなたは青色（国民党シンパ）か、緑色（民進党シンパ）か？」と問えば、多くはどちらかの色を口にしたものです。

ところが、現在20代前半の若い台湾人たちは、「親中派」ではもちろんないけれども、「反中派」というわけでもないのです。

「自分たちは、中国大陸が強国になろうが、崩壊しようが、どうでもいい。海の向こうで勝手にやってくれという感じだ。その代わり台湾には関わってこないでほしい。自分たちはあの大陸と、一切関わりを持ちたくないのだ」

若者の一人が私にこう述べると、10人ほどの同世代の若者たちが、一斉に肯《うなず》きました。「では何に関心があるの？」と私が聞くと、「スマホと半径5ｍくらいの出来事」と答えました。

このように台湾には、「超内向き世代」が育っているのです。彼ら新世代は、中国にとってある意味、「反中派」よりも厄介《やっかい》な存在です。

第三に、今後の台湾情勢は、これまでのような単純な中台関係ではなく、「米中新冷戦」の中に組み込まれていくということです。台湾の総統選挙がこれだけ香港情勢に左右されたことの意味は、「米英の民主」と「中国の経済」のどちらを選択するかということだったわけです。これはすなわち、「米中新冷戦」によってアジアの多くの国々が抱える問題でもあります。なぜなら、軍事はアメリカに依存し、経済は中国に依存している国・地域が、日本や韓国も含めてアジアの多数を占めているからです。

## 台湾の全面的な統一を半ば諦めた共産党

2020年は、1月に武漢で新型コロナウイルスのパンデミックが起こり、その後周知のように世界中に拡散していきました。そんな中で台湾では「脱中国」が加速しました。

蔡英文政権にとって、2020年は、「100年に一度」とも言える当たり年でした。人間でも一生のうちで、万事うまくいく時期があるものですが、2020年の蔡英文政権が、まさにそれにあたりました。

1月には817万票も取って総統の再選を決め、その後、世界中がコロナ・パニックに陥《おちい》ったというのに、台湾はまるで他人事のようでした。台湾のコロナ対策については前著『ファクトで読む米中新冷戦とアフター・コロナ』（講談社現代新書）で詳述したので省きますが、要は「脱中国」「迅速《じんそく》な初動」「適材適所の人材配置」という3拍子が揃って、「台湾の奇跡」を演出したのです。日本でも有名になった唐鳳《オードリー・タン》政務委員（無任所IT担当相）

には、同年7月にオンラインで話を聞きましたが、こう述べていました。

「いまの中国には、全体主義的な傾向が強まっていて、新疆《しんきょう》ウイグル自治区などは徹底した管理の典型です。そして中国はその政策に、インターネットを活用しています。

しかし台湾では、インターネットを中心とした先端技術は、民主をバージョンアップさせるために使います。政府としては、あくまでも民主や人権といった価値観を貫きます。プライベートセクターを重視し、全体主義的なことは極力減らしていきます。新型コロナウイルスへの対応についても、あくまでも『市民にいかに役立つか』という観点から、インターネットを駆使した対策を進めているのです」

6月30日、唐政務委員の方針とは逆行するような香港国家安全維持法が香港で施行され、香港人の自由は大きく損なわれました。この新法に基づいて11月11日、香港立法会の4人の議員が資格を剝奪《はくだつ》され、別の民主派の立法委員15人が抗議の辞職をしました。

2021年3月30日には、北京の全国人民代表大会で、「愛国者」のみが政治に参加できるという選挙制度変更案を可決。5月27日には香港立法会でも可決しました。これにより、12月の立法会選挙以降、「愛国者」のみが立候補資格を持つことになりました。6月24日には、「表現の自由の象徴」と言われた『蘋果日報《リンゴ》』が廃刊に追い込まれます。

7月1日、習近平総書記肝煎《きもい》りの「慶祝中国共産党成立100周年大会」が、北京の天安門広場で挙行されました。習総書記は、かつて毛沢東主席が愛用した灰色の人民服に身を包み、1時間5分に及ぶスピーチを行いました。中国を自画自賛する「偉大」を46回も叫ぶ尋常でないスピーチでしたが、おしまいの方で香港と台湾について言及しました。

「われわれは全面的かつ確実に、『一国二制度』『香港人による香港の自治』『マカオ人によるマカオの自治』という高度な自治の方針を貫徹していく。中央（政府）の香港、マカオ特別行政区の管理、統治権を定着させ、特別行政区の国家安全の法律制度と執行体制の維持、保護を定着させていく。

台湾問題を解決し、祖国の完全統一を実現することは、中国共産党の変わらぬ歴史的任務であり、中華の子女全体の共同の願望だ。『一つの中国』の原則と『92コンセンサス』を堅持し、祖国の平和統一の道のりを推進していく。両岸の同胞を含むあらゆる中華の子女は、団結して前を向き、いかなる『台湾独立』のたくらみも決然と粉砕し、民族復興の美しい未来を共に創っていく必要がある。いかなる者も、中国人民が国家主権と領土の完備を死守していくという堅強な決心、固い意志、強大な能力を低く見るべきではない！」

香港問題と台湾問題を併論することは、過去にもよくありましたが、2019年1月2日まで語っていた「『一国二制度』による台湾統一」には言及しませんでした。これは同年夏頃、密かに路線変更した可能性があります。すなわち「祖国の平和統一の道のりを推進していく」と言いながらも、平和統一は半ば諦めたというわけです。

それでは今後、強引に武力統一を進めていくのでしょうか？　私はそれも現実問題として難しいと思います。なぜなら、もし武力統一を強行しようとすると、アメリカ軍と全面衝突になるリスクがあるからです。米中両軍が台湾海峡で激突した場合、そこそこの勝負になるかもしれませんが、中国側の政治的、経済的損失は計り知れません。何と言っても戦場は「アメリカの近く」ではなく「中国の近く」なのです。

もしも台湾有事にアメリカ軍が出動しなければ、中国人民解放軍が勝利する確率は高くなります。しかし仮に人民解放軍による台湾制圧が成功したとしても、台湾人は「独立決死隊」のような地下組織を作ったり、アメリカに「亡命政権」を樹立したりするでしょう。かつ中国にテロやドローン攻撃などを仕掛け、中国は大混乱に陥ることが見込まれます。

制圧した台湾でも、中国の統治が順調に進むとは、とても思えません。2020年にミャンマーのような「内戦状態」になるでしょう。何せ2360万台湾人は、「習近平新時代の中国の特色ある社会主義思想」とは相容れないからです。

つまり、台湾の全面的な統一は現実問題として、かなりハードルが高いということです。

## 比較的奪取しやすい「小島」に狙いを定める

それならば、このまま膠着《こうちゃく》状態が続いていくのか？　それも、今度は習近平政権が持たなくなると思います。２０２２年秋の第20回共産党大会で「3期目5年」を継続していく時の正統性は、前述の通り「台湾統一の実現」です。ではいつまでに行うかと言えば、すでに習総書記は、「２０２７年の人民解放軍１００周年までに強軍の目標を達成する」と言明しているので、「3期目5年」が終わる２０２７年が、一つの目安となります。

習近平総書記のこの9年近い執政を見ていると、参考にしていると思える政治家が二人います。一人は崇拝してやまない毛沢東主席で、毛主席がやり残した最大の事業が、台湾の統一です。「毛沢東の後継者」を自任する習近平主席は、「毛沢東の遺訓」である台湾統一を、常に胸に刻んでいるはずです。中華人民共和国憲法は、前文でこう謳っています。「台湾は中華人民共和国の神聖なる領土の一部分である。祖国統一の大業を完成させることは、台湾同胞を含めた全中国人民の神聖なる責務である」

習近平は、２０１２年11月に共産党総書記に就任して以来、行ってきた多くのスピーチで、この憲法前文の言葉を引用しています。また、他国の国家元首らと首脳会談を行う際にも、必ず「台湾は中国の不可分の領土」と言明し、共同声明などでも明記しています。「台湾を統一して毛主席の霊前に報告したい」という気持ちが強いはずです。

習主席が参考にしているもう一人は、現役の政治家の中で唯一、敬意を抱いているロシアのウラジーミル・プーチン大統領です。プーチン大統領は、2014年3月にソチ冬季オリンピックを終えると、間髪置かずにクリミア半島を奪取しました。ウクライナ全土を領土に収めず、クリミア半島だけを奪ったところがポイントです。欧米のNATO（北大西洋条約機構）軍が介入してこない「ギリギリの線」を計算して軍を動かしたのです。

同様に中国も、2022年2月から3月にかけて北京冬季オリンピック・パラリンピックを控えています。そのためこのイベントの終了直後から、台湾海峡の波は高くなります。とはいえ、前述のように台湾島においそれと攻め入るわけにはいきません。そのため、当面のターゲットを、比較的奪取しやすい台湾が実効支配している「小島」に定めてくるのではないでしょうか。中でも一番リスクが高いのが、太平島です。

太平島は、南シナ海の南沙諸島に浮かぶ自然の最大の島（東西1289m、南北365m）です。1945年8月に日本が太平洋戦争で敗れた後、蔣介石総統の命令一下、同年末に国民党軍が接収しました。その時、艦艇『太平号』が向かったため、太平島と名づけたのです。現在では約200人の台湾の軍人や海巡署官警らが警備にあたっています。

中国は習近平政権になって、南沙諸島に7ヵ所も人工島をこしらえています。この狙いも、太平島の奪取にあると考えれば合理的です。もちろん、太平島を巡る中台戦争なら、アメリカ軍が本格的に参戦してこないという計算も働いています。

2021年8月15日の「カブール陥落」を目撃した後、アメリカの介入なく「台湾の小島」を獲ることは十分可能だと、中国は考え始めているはずです。また獲得した時が、米中のパワーが逆転する瞬間だとも人民解放軍は思っています。

2012年4月から6月にかけて、それまでフィリピンが実効支配していたスカボロー礁（黄岩島）を、中国が強引に自国の実効支配に変えました。この時、私は北京に住んでいましたが、中国人の熱狂ぶりに驚きました。ただ一つの「小岩」を奪うことが、これほど国民の心を興奮させるとは思いもよりませんでした。そのため、もしも近未来に人民解放軍が太平島を奪えば、習近平主席の長期政権は盤石なものになるでしょう。プーチン大統領も、2014年にクリミア半島を奪って以降、長期政権を築いています。

太平島の次にリスクが高くなるのは、金門島と馬祖島です。毛沢東時代に奪取し損ねており、かつ中国大陸側から至近距離にあるからです。加えて重ねて言いますが、「奪取時」はすなわち「アメリカを超える時」なのです。

いやもう一つ、大変危険な島嶼《とうしょ》があります。日本が実効支配している尖閣諸島です。中国側は「台湾の一部だから中国の不可分の領土」と主張しているので、中国にとって尖閣諸島（釣魚島）問題は台湾問題なのです。

そもそも習近平政権にとって台湾問題というのは、本書の冒頭で記したように、1894年の日清戦争で日本に敗北し、割譲されたところから起こっているという意識があります。習近平主席が掲げる「中華民族の偉大なる復興の実現」というスローガンは、「アヘン戦争と日清戦争前の状態に戻す」という意味なのです。

こうしたことを踏まえれば、日本にとって台湾問題とは、いかに尖閣諸島を死守していくかという問題でもあるのです。

# 主要参考文献


- 『中台関係史』山本勲著、藤原書店、1999年
- 『新訂　蹇蹇録』陸奥宗光著、岩波文庫、1983年
- 『日清戦争』大谷正著、中公新書、2014年
- 『甲午海戦』鴻鳴著、中国文史出版社、2007年（中国）
- 『清日戦争1894-1895』宗沢亜著、後浪出版公司、2012年（中国）
- 『日中国交基本文献集　上下』竹内実編、蒼蒼社、1993年
- 『中国の歴史　下』貝塚茂樹著、岩波新書、1970年
- 『留東外史』不肖生著、中国華僑出版社、1998年（中国）
- 『晩清中国与日本』陳忠海著、中国発展出版社、2019年（中国）
- 『帝都東京を中国革命で歩く』譚璐美著、白水社、2016年
- 『素顔の孫文――国父になった大ぼら吹き』横山宏章著、岩波書店、2014年
- 『孫文――その指導者の資質』舛添要一著、角川oneテーマ21、2011年
- 『三十三年の夢』宮崎滔天著、岩波文庫、1993年
- 『革命をプロデュースした日本人』小坂文乃著、講談社、2009年
- 『支那革命外史　抄』北一輝著、中公文庫、2001年
- 『找尋真実的蔣介石 蔣介石日記解読1～4』楊天石、三聯、2019年（台湾）
- 『蔣介石』保阪正康著、文春新書、1999年
- 『蔣介石秘録　1～15』サンケイ新聞社、1977年
- 『蔣介石秘史』程舒偉、孫啓泰、王光遠著、団結出版社、2002年（中国）
- 『蔣介石に棄てられた女』陳潔如著、加藤正敏訳、草思社、1996年
- 『張学良の昭和史最後の証言』白井勝美・NHK取材班、角川文庫、1995年
- 『西安事変回憶録』宋美鈴著（中国語資料）
- 『国と世紀を変えた愛』富永孝子著、角川書店、2014年
- 『我は苦難の道を行く　上下巻』上坂冬子著、講談社、1999年
- 『近現代中国政治史』浅野亮、川井悟編著、ミネルヴァ書房、2012年
- 『陳独秀文集1～3』石川禎浩、三好伸清編訳、平凡社東洋文庫、2016年
- 『陳独秀』横山宏章著、朝日選書、1983年
- 『マオ　誰も知らなかった毛沢東　上下』ユン・チアン、ジョン・ハリデイ著、講談社、2005年
- 『中国共産党簡史』人民出版社、中共党史出版社、2021年（中国）
- 『中国共産党、その百年』石川禎浩著、筑摩選書、2021年
- 『中国共産党の歴史』高橋伸夫著、慶應義塾大学出版社、2021年
- 『周恩来秘録　上下』高文謙著、上村幸治訳、文藝春秋、2007年
- 『巨龍の胎動　毛沢東vs鄧小平』天児慧著、講談社学術文庫、2021年
- 『毛沢東選集　1～5』人民出版社、2008年（中国）
- 『中国の赤い星』エドガー・スノー著、松岡洋子訳、筑摩叢書、1975年
- 『毛沢東の私生活　上下』李志綏著、新庄哲夫訳、文藝春秋、1994年

- 『ソビエト連邦史』下斗米伸夫著、講談社学術文庫、2017年
- 『経済学者たちの日米開戦』牧野邦昭著、新潮選書、2018年
- 『昭和16年夏の敗戦』猪瀬直樹著、中公文庫、2010年
- 『後期日中戦争』広中一成著、角川新書、2021年
- 『日本陸軍と中国』戸部良一著、講談社選書メチエ、1999年
- 『中国抗日戦争史　簡明読本』支紹曽主編、人民出版社、2015年
- 『秘録土肥原賢二』土肥原賢二刊行会編、芙蓉書房、1972年
- 『満洲国』鈴木貞美著、平凡社新書、2021年
- 『満鉄全史』加藤聖文著、講談社学術文庫、2019年
- 『特工秘聞』中国文史出版社、2001年（中国）
- 『杜月笙全伝　上下巻』白希著、中国国際広播出版社、2003年（中国）
- 『日軍在上海的罪行与統治』張銓、庄志齢、陳正卿著、上海人民出版社、2000年（中国）
- 『上海史』高橋孝助、古厩忠夫編、東方書店、1995年
- 『「国際都市」上海のなかの日本人』高綱博文著、研文出版、2009年
- 『上海時代　ジャーナリストの回想　上下』松本重治著、中公文庫、1989年
- 『第二次世界大戦1939-45　上中下巻』アントニー・ビーヴァー著、平賀秀明訳、白水社、2015年
- 『陸軍中野学校　全6巻』畠山清行著、番町書房、1971年
- 『中米関係史　上中下』陶文釗主編、上海人民出版社、2004年（中国）
- 『台湾の歴史　台湾高校歴史教科書』薛化元主編、永山英樹訳、雄山閣、2020年
- 『台湾簡史』張海鵬、陶文釗主編、鳳凰出版社、2010年（中国）
- 『台湾戦後七十年』陳世昌著、国際文化出版公司、2017年（中国、原文は台湾）
- 『両岸関係40年歴程:1979-2019』孫亜夫、李鵬著、九州出版社、2020年（中国）
- 『海峡両岸関係70年図鑑』余克礼、曹裕江、揚玲主編、長江出版社、2020年（中国）
- 『台湾』伊藤潔著、中公新書、1993年
- 『台湾の政治　増補新装版』若林正丈著、東京大学出版会、2021年
- 『大地の咆哮』杉本信行著、PHP、2006年
- 『日中国交正常化の政治史』井上正也著、名古屋大学出版会、2010年
- 『日中国交正常化』服部龍二著、中公新書、2011年
- 『キッシンジャー「最高機密」会話録』ウィリアム・バー編、鈴木主悦、浅岡政子訳、毎日新聞社、1999年
- 『キッシンジャー回想録　中国　上下』塚越敏彦他訳、岩波書店、2012年
- 『キッシンジャー　世界をデザインした男　上下』ウォルター・アイザックソン著、別宮貞徳監訳、NHK出版、1994年
- 『外交　上下』ヘンリー・キッシンジャー著、岡崎久彦監訳、日本経済新聞社、1996年
- 『変節と愛国』浅海保著、文春新書、2017年
- 『蔣経国伝』厳如平著、中華書局、2018年（中国）
- 『鄧小平文選　1〜3』人民出版社、2001年（中国）
- 『鄧小平』矢吹晋著、講談社現代新書、1993年

- 『現代中国の父　鄧小平　上下』エズラ・ヴォーゲル著、益尾知佐子他訳、日本経済新聞出版、2013年
- 『小説鄧小平』鄭義著、丸山勝訳・構成、読売新聞社、1994年
- 『中台統一』王曙光著、NTT出版、2001年
- 『文明の衝突』サミュエル・ハンチントン著、鈴木主悦訳、集英社、1998年
- 『趙紫陽極秘回顧録』趙紫陽著、光文社、2010年
- 『海峡両岸関係和平発展簡論』李非、李鵬等著、厦門大学出版社、2015年（中国）
- 『香港史』Frank Welsh著、王皖強、黄亜紅訳、中央編訳出版社、2007年（中国）
- 『街道をゆく40　台湾紀行』司馬遼太郎著、朝日文庫、1997年
- 『台湾の主張』李登輝著、PHP、1999年（文庫版は2021年）
- 『銭其琛回顧録』銭其琛著、東洋書院、2006年
- 『江沢民と本音で語る』翁傑明他編、莫邦富他訳、日本経済新聞社、1997年
- 『胡錦濤　21世紀中国の支配者』楊中美著、趙宏偉監修、青木まさこ訳、NHK出版、2003年
- 『台湾之子』陳水扁著、及川朋子他訳、毎日新聞社、2000年
- 『馬英九と陳水扁』中川昌郎著、明徳出版社、2010年
- 『日台関係史　1945-2020増補版』川島真他著、東京大学出版会、2020年
- 『八年執政回憶録』馬英九口述、蕭旭岑著、2018年（台湾）
- 『国民党　民進党和両岸関係』蔡永飛著、団結出版社、2014年（中国）
- 『三十年後的三種台湾　與中国無関』範疇著、八旗文化、2014年（台湾）
- 『アジア血風録』吉村剛史著、MdN新書、2021年
- 『激流に立つ台湾政治外交史』井尻秀憲著、ミネルヴァ書房、2013年
- 『従遏制到平衡』蔡華堂著、時事出版社、2016（中国）
- 『新世紀的中美日三辺関係』劉衛東著、中国社会科学出版社、2014年（中国）
- 『潮起潮落』黄濤著、中国社会科学出版社、2017年（中国）
- 『大国戦略』金一南等著、中国言実出版社、2017年（中国）
- 『中国海権』張世平著、人民日報出版社、2009年（中国）
- 『中国海権戦略』鞠海龍著、時事出版社、2010年（中国）
- 『海上戦略通道論』梁芳著、時事出版社、2011年（中国）
- 『米中戦争前夜』グレアム・アリソン著、藤原朝子訳、ダイヤモンド社、2017年
- 『釣魚島主権帰属』孫東民主編、人民日報出版社、2013年（中国）
- 『香港　中国と向き合う自由都市』倉田徹、張彧暋著、岩波新書、2015年
- 『蔡英文　新時代の台湾へ』蔡英文著、前原志保監訳、白水社、2016年
- 『蔡英文の台湾』張瀞文著、丸山勝訳、毎日新聞出版、2016年
- 『全面滲透』曾韋禎著、主流出版、2019年（台湾）
- 『我的老闆是総統』 陳冠穎著、遠見天下文化、2020年（台湾）
- 『台湾、あるいは孤立無援の島の思想』呉叡人著、駒込武訳、みすず書房、2021年

【著者略歴】
**近藤大介**（こんどう・だいすけ）
1965年生まれ、埼玉県出身。東京大学卒業。国際情報学修士。
講談社入社後、中国、朝鮮半島を中心とする東アジア取材をライフワークとする。講談社北京副社長を経て、現在『週刊現代』『現代ビジネス』編集次長（特別編集委員）。『現代ビジネス』で連載580回を超える『北京のランダム・ウォーカー』は、日本で最も読まれる中国関連コラムとして知られる。2008年より明治大学講師（東アジア国際関係論）も兼任。2019年に『ファーウェイと米中５G戦争』（講談社＋α新書）で岡倉天心記念賞受賞。他に『ファクトで読む米中新冷戦とアフター・コロナ』（講談社現代新書）『アジア燃ゆ』（MdN新書）など、東アジア関連著書は32冊に上る。

**台湾VS中国　謀略の100年史**

2021年10月1日　第１刷発行

著　者　近藤大介
発行者　唐津　隆
発行所　株式会社ビジネス社
〒162－0805　東京都新宿区矢来町114番地
神楽坂高橋ビル５F
電話　03－5227－1602　FAX 03－5227－1603
URL　http://www.business-sha.co.jp/

〈装幀〉中村聡
〈本文組版〉茂呂田剛（エムアンドケイ）
〈印刷・製本〉モリモト印刷株式会社
〈営業担当〉山口健志
〈編集担当〉中澤直樹


ISBN978-4-8284-2328-9